子どもと教師のための
「チーム援助」の進め方

水野治久 ［著］

金子書房

　　　　　　　まえがき

　インターネットの検索エンジンで「教師を辞めたい」と検索してみてほしい。検索結果のトップページに表示されるいくつかのサイトを見ると，厳しい現実と対峙する教師の姿が映し出される。この現実をどう考えたらよいのだろうか。教育は，人づくり，国づくりの根幹である。

　心理学という学問は個人差に注目する。大変な状況でも比較的上手に子どもや保護者と信頼関係を結び，授業も成立している先生がいる。大変な状況でも比較的うまくいっている学年団，学校がある。では何が違うのだろうか。

　筆者の仮説は，チームで取り組む姿勢がある，ということである。教師のみならず保護者も含め，チームのまとまりで子どもを支えている学校は，厳しい状況に置かれても比較的うまくいっていると思っている。チームで子どもを支援することは，ただ単に教員同士が情報をシェアし子どもを援助するということよりも広くて深い。

　考えてみてほしい。これを読んでいる読者の皆さんは，今の生活でいやなこと，しんどいことがあったとき，誰に相談するだろうか。他人にはそんなに簡単には相談できない。これは子どもも同じである。「何かあったら先生に相談してください」「先生はみんなの味方です」と言っても，相談してくる子どもは少ない。相談するのが難しいなら，子どもが相談しやすい人に相談できる仕組みを作れないだろうか。援助者同士がつながり，子どもを緩やかに援助できないだろうか。本書はこのような考え方が根底にある。

　本書は2部構成である。第1部は，被援助志向性という概念から学校カウンセリングを論じている。被援助志向性とは，援助をどのように求めるかという概念である。子どもの被援助志向性とは，子どもが教師やカウンセラーにどのように援助を求めるかという視点である。援助ニーズの高い，援助の必要な子どもほど援助を求めない。援助ニーズが高い子どもをどのように援助につなげていくかについて，心理学的な調査と実践から論じている。さらに，教師の被援助志向性，つまり教師が他の

教師にどのように助けを求めるのかについても言及している。チームで取り組むといっても，教師が他の教師に助けを求めなければ，チームとして機能しない。学校の体制も重要だが，教師が他の教師にどのように援助を求めるのかといった教師自身の意識も関係している。

　第2部は，チーム援助という視点から，不登校や学級崩壊，教師のバーンアウトなど，学校が抱える課題について事例をもとに解説した。事例はどれも架空のものだが，現在の学校が遭遇する可能性のある問題を取り上げた。心理学の研究方法になじみのない読者は第2部から読み始めていただくことも1つの方法である。現職の教師やスクールカウンセラーであれば，事例を読み，メモを取りながら解説を読んで，読者ご自身の実践と比較してほしい。

　また，各章の最後には，「リフレクション」という振り返りの問いがある。自分自身を振り返っていただくことで本書の内容の理解が深まると思う。

　本書は，教師やスクールカウンセラーをめざす学部生，大学院生，および学校心理学を学びたいと考えている現職教員を主な読者として執筆した。学部生や大学院生の読者は学校心理学のテキストとして読み進めていただければと思っている。また，現在教職にある読者はご自身の日々の実践を整理するために本書を活用いただければ幸いである。

2014年3月
水 野 治 久

Contents

まえがき　i

第1部　データで語る「チーム援助」の必要性

第1章　チーム援助の必要性 …………………………………………… 2

1. 子どもの援助ニーズに応じた援助　2
2. 子どもを取り巻く環境の多様化・複雑化　5
3. 学校カウンセリングにおける「連携」のかたち　7
4. 中学生の適応尺度から見たチーム援助の必要性　12

🖉 リフレクション　15

第2章　援助を求める子ども，求めない子ども ……………………………… 16

1. 子どもは教師やスクールカウンセラーに援助を求めるのか　16
2. なぜ，子どもは教師やスクールカウンセラーに援助を求めないのか　17
3. 教師やスクールカウンセラーに援助を求めやすいのはどのような子どもか　19
4. 子どもの被援助志向性を高める手がかり　21
   (1) 接触仮説　21
   (2) 援助要請スキル　23
   (3) 情動コンピテンス　24
   (4) メンタルヘルスリテラシー　27
5. おわりに　30

🖉 リフレクション　30

第3章　子どもはどうしたらスクールカウンセラーに相談したくなるのか …… 31

1. 介入プログラム　31
2. 測定方法と測定具　35
3. 結果と考察　37
4. おわりに　41

🖉 リフレクション　42

第4章　チーム援助を学校に定着させる
　　　　──教師の被援助志向性から考える ……………………………………… 43

1. チーム援助に対する教師の意識　43
2. 何が教師の被援助志向性を高めるのか　45
3. チーム援助を学校に定着させるための4つのポイント──筆者の経験から　48
　（1）アクションプランを考える　49
　（2）援助の目的を共有する　49
　（3）教師を援助者としてとらえる　50
　（4）会議の参加者・人数　50
　🖉リフレクション　52

第2部　チーム援助を核とした学校での援助

第5章　不登校の児童生徒をチームで援助する ……………………………… 54

1. 不登校についての教師のさまざまな疑問　54
2. 不登校の類型　56
　（1）登校の意志　56
　（2）発達障がいの可能性　59
　（3）いじめの可能性　60
　（4）精神・身体的疾患の可能性　60
　（5）虐待の可能性　61
3. チームで支援が必要な不登校の典型事例　61
4. カウンセリングを求めない不登校の子どもとのつながり方　64
　（1）人がつながる　64
　（2）趣味・興味でつながる　65
　（3）保護者とつながる　65
5. 不登校支援におけるチーム援助の課題　66
　🖉リフレクション　68

第6章　過度な要求をする保護者への対応 ……………………………………… 69

1. 現場で何が起こっているのか　69
2. 保護者とのトラブルにチームで取り組んだ実践事例　70
3. 保護者との折り合いをよくするために教師は何ができるのか　75
　🖉リフレクション　78

第7章　学級崩壊にチームで取り組む ……………………………………… 79
　1．学級崩壊寸前の小学6年生の学級の事例　79
　2．Q-Uのプロットから見る学級の状態　82
　3．Q-Uのデータの分析を目的とした援助チーム会議の様子　84
　（1）学級のリーダー　85
　（2）J君を中心とした分析　85
　（3）〈要支援群〉のR君とS君　86
　4．学級の立て直しと個別の支援　88
　（1）ルールと信頼関係の再構築　88
　（2）J君への支援　88
　（3）〈要支援群〉の子どもたちへの対応　89
　5．援助チーム会議後の学級経営　90
　✎リフレクション　93

第8章　教師のメンタルヘルス ……………………………………………… 94
　1．教師のメンタルヘルスとは　94
　2．バーンアウトに陥らないためには　96
　3．チーム援助と教師のメンタルヘルス　98
　（1）チームで取り組めない：抱え込み・思い込みの落とし穴　98
　（2）チーム援助が機能しない：なかなか進まない議論　99
　（3）学校の支援・協力体制との関連　101
　（4）担任を支える援助チーム会議　103
　4．おわりに　106
　✎リフレクション　106

コラム
1　適応指導教室　3
2　不登校に対応すると学級が荒れる？　4
3　子どもに登校の意志がある場合の不登校児童生徒とのかかわり　57
4　イラショナルビリーフ　67
5　人的リソース　77
6　Q-Uとは？　91
7　認知行動的アプローチ　102

引用文献　107
あとがき　115
索　引　118

第 1 部

データで語る「チーム援助」の必要性

　第1部では,「なぜ,子どもの援助をチームで行わなければならないか?」という本書のテーマについて,中学生や教師を対象とした実証データから解説します。私たちはどうやら,自分の問題を相談することが苦手のようです。これは,子どもも同じです。ですから,援助を求めやすい領域で援助を求めること,また,援助を求めやすい人に援助を求めることが重要なのです。援助する側の教師やスクールカウンセラーは,チームで緩やかに連携することがポイントです。一方で,子ども自身にも適切な援助者に助けを求める力を育むことが必要だと考えます。この視点からの実践についても触れました。

第 1 章

チーム援助の必要性

　学校現場は今，大変な苦戦を強いられている。学級崩壊，いじめ，不登校，そして保護者との関係。「これほどまでに教師が苦戦する時代があったのだろうか」とさえ感じる。
　例えば，不登校。不登校は学校にとって依然として取り組むべき最優先課題の1つである。友人とのトラブル，いじめ被害や教師との関係の悪化など，さまざまなことがきっかけで子どもが登校できなくなる。また近年，不登校の子どものなかにはその背景に発達障がいが指摘される場合もある。加えて，不登校の背後に経済的困窮，虐待が隠れている場合もある。

1. 子どもの援助ニーズに応じた援助

　不登校の児童や生徒にはスクールカウンセラーの援助が効果的な場合もある。一方で，家庭が経済的な困窮を抱えているのであれば，福祉の視点を持つスクールソーシャルワーカーの援助が効果的な場合もある。
　しかし，不登校児童生徒の援助はスクールカウンセラーやソーシャルワーカーだけが提供するわけではない。スクールカウンセラーやソーシャルワーカーが学校現場にかかわることができる時間は限定的である。彼ら，彼女らに日常的に接触している教師がこうした援助ニーズの高い児童生徒に援助を提供することが期待されている。また，不登校の児童生徒の援助には，市町村の教育支援（サポート）センターなどに設置されている適応指導教室における援助の機能も見逃せない（水野，2006）。

カウンセリング心理学や臨床心理学がそうであったように，学校における援助はニーズの高い子ども一人ひとりを個別的に援助することが主流であった。しかし，学校において，一人の子どもだけに焦点を当てることには限界がある。

　石隈（1999）は子どもに対する援助を，一次的援助サービス，二次的援助サービス，三次的援助サービスの視点から整理している。一次的援助サービスはすべての児童生徒を対象とする援助サービスである。不登校やいじめの根底にある対人関係の維持のスキル，対人関係の葛藤の解決スキルの不足など，児童生徒に共通して認められる課題を解決することに役立つ。二次的援助サービスは援助ニーズの高い一部の子どもを対象としている。ここで大切なポイントは，いかに援助ニーズのある子どもを発見するかである。日常的に子どもと接している教師は，援助ニーズの高い子どもを発見しやすい立場にある。学習面でつまずき，授業に身が入らない子ども，宿題をほとんど提出しない子ども，遅刻や欠席を繰り返す子ども，保健室でさまざまな問題を訴える子どもが二次的援助サービスの対象の子どもである。こうした二次的援助サービスを充実させることで，結果的に不登校やいじめの予防につながり，学級そのものの状態を改善していく。三次的援助サービスは，特定の子どもの援助

コラム 1　適応指導教室

　在籍する学校に登校することが難しくなった子どもが通う場所である。教育委員会が所管し，教育支援（サポート）センターなどに併設されることが多い。入室には教育センターの相談部門による面談を経ることが多い。

　例えば，ある適応指導教室では，月曜日，火曜日，木曜日，金曜日は9時ごろから14時ごろまで学習やものづくり，スポーツなどをする。水曜日は，可能な子どもは，本来，在籍する学校への登校を試みている。活動は，指導員や相談員，ボランティア学生がサポートしている。

である。不登校，いじめ，学習や対人関係の問題などを抱える子どもに焦点を絞って援助する。これは従来のカウンセリングのイメージである。教師がキーパーソンとなり，スクールカウンセラーや他の専門家と協働で子どもの援助をする。

　不登校の児童生徒が学校に数人程度なら，その子どもを個別に援助する三次的な援助サービスを実施していればよい。しかし，不登校の児童生徒が増えていくと，個別対応は難しくなる。一方，教室に登校する子どもたちにも課題がないわけではない。少子化・核家族化，地域社会の崩壊は，子どもたちの対人スキルをはぐくむ場を奪った。そこで登場してきたのが学級単位，学年，学校単位で取り組めるソーシャルスキルトレーニングである。こうした方法は一定の効果をあげている（佐々木・加藤，2003；渡辺・山本，2003）。

　また，学級そのものの雰囲気を改善し，集団づくりに寄与するものとして，構成的グループ・エンカウンターがある。構成的グループ・エ

コラム 2　不登校に対応すると学級が荒れる？

現場の先生から「不登校の子どもに対応すればするほど学級が荒れるのはなぜですか」と質問されたことがある。筆者は不登校もいじめも学級の状態が鍵を握ると考えている。学級に，他者にやさしくない，人を蹴落とすような雰囲気があると，学級の居心地が悪く，不登校の子どもがどんどん出てくる。逆にいうと，学級や学年の状態がよくなると不登校は減り，いじめもなくなっていく。子どもたちが相互に援助する姿が見られるのである。鍵は学級や学年の状態なのである。その意味で，学級全体，学年全体，学校全体を変えていく必要がある。三次的援助サービスを充実させるとともに，二次的援助サービス，一次的援助サービスを充実させる必要が，ここにある。

ンカウンターは，國分康孝が1970年ごろから大学生を対象に開発しはじめ〔國分，1981〕，2000年ごろから学校現場に急速に浸透したものである。今日ではその効果が実証的研究により確認されている（例えば，河村，2001；小野寺・河村，2005）。

2. 子どもを取り巻く環境の多様化・複雑化

　ところで，今日的な不登校はどのような実態であるのか。伊藤（2011）は，今の不登校について「『年間30日以上の欠席』という共通項を除けば，不登校の状態像も支援のあり方も，その特徴は個々に異なるといっても過言ではあるまい」と表現している。一口に不登校の子どもといっても複数の要因が複雑に絡み合っているのである。典型例を以下にあげる。相談日は7月末である。

▪ 事　例 ▪
不登校のA君（小学5年生）

　小学5年生の男子A君は，一学期は一度も朝から登校したことはなかった。登校するときは10時ごろに何事もなかったかのように登校し，教室にすんなり入る。また，連絡もなく3日ほどの休みが続く場合もあった。一学期の出席日数は半分ほど，しかも出席の日はすべて遅刻だ。
　この学校では不登校担当教員が特別に配置されている。手が空いているときは不登校担当教員が10時ごろに迎えに行っている。迎えがなければ，登校日数はさらに減るだろうというのが多くの教員の印象である。A君は，遅れてきても教室に堂々と入ることができる。担任が通勤途中，7時20分ごろにA君の家に行き呼び鈴を押しても，出てきたことがない。
　担任は保護者とも連絡をとるのだが，保護者は「うちは夜が遅くて。何とか早く行かせるようにしますから」と言うばかりで，なかなか登校時間は早まらない。保護者はこの事態をあまり深刻に考えていないようだ。ただ，母親は「お父さんも帰りが遅いし，家事もあまり手伝

ってくれない。まだ下の子どもが2歳で子育てが大変」と漏らした。これを聞いた担任が，教育サポートセンターへの相談をすすめると，母親はすぐに相談に行くような雰囲気ではなかったが，まったく興味がないというふうでもなかった。

　A君の服装はいつも同じで，時々，風呂に入っていないのではないかと思われることもある。自宅の玄関も足の踏み場がないほど散らかっている。A君は勉強のセンスがあり，あまり習っていない問題でも，ポイントを教えただけですぐに理解する。テストの点数も，いつも70点くらいである。読解力に優れている。運動もよくできる。A君は2歳の弟の世話もよくしている。A君が一学期に教室で過ごした時間は半分以下だ。しかし，A君は独特の優しさがあり，女子を含め学級の子どもたちに受け入れられている。勉強・運動もよくできると子どもたちの目には映っている。しかし，二学期には運動会があり，5年生は6年生との合同による組体操の練習がある。学級だけならよいが，6年生との合同での練習にA君がついていけるのか，またそのときの学級での位置づけはどうなるのか，担任や不登校担当教員は心配している。

　A君の今の状態は，朝，学校に来ないということ，半分くらいの欠席があるということ，服装がいつも同じで，あまり風呂に入っていない様子ということである。父親の仕事が忙しく，家事や育児は母親が担っている。母親は，下の子どもがまだ2歳と手がかかるので，子育てに苦戦しているようだ。母親も今の状況がよいとは思っていないが，行政の窓口に積極的に相談している様子はない。小学校の教師がよいかかわりをして，母親とつながっている。

　A君が登校できるようになるために，学校は何ができるのだろうか。幸い，A君は学級の子どもたちに受け入れられ，また学力面でも課題はない。2歳の弟の世話をしていることも明るい情報である。学校側は，市の教育委員会と連携しつつ，さらに教育サポートセンターや自治体の子育て支援の窓口との連携が必要なのかもしれない。A君の服装がいつも同じということや風呂に入っていないようだということから，虐待の可能性も完全には否定できない。この点についても注意が必要である。その意味で，保護者が適切な援助者に相談できるようにかかわることも

大切である。

　このような事例の場合，担任や不登校担当教員の動き方が特に重要になる。ここで必要なのは，保護者を支えながら，保護者が学校と「つながる援助」である。そのため，教師がカウンセリングの理論や技法を勉強するとよい。しかし，それは面接室の狭義のカウンセリング技法ではない。より広い，援助技法としてのカウンセリングスキルを身につけることが求められる。

　教師に子どもの発達や保護者の子育ての問題について理解があれば，このケースをよりよく理解することができるだろう。また，カウンセリング・発達心理学の学習と同じくらい重要なスキルとして，チームで取り組むということがある。さまざまな教師がチームを組み，保護者とつながり，さまざまな行政サービス機関と緩やかに連携できることがポイントである。

　不登校，学級経営，母親の子育て支援，虐待，家族を援助するさまざまな行政の支援――こうしたことを総合的に考えて援助することで，このケースは動いていくと思われる。学校ができることは，A君が安定して登校できるように援助することである。現在，所属学級で問題がないので，A君が10時ごろ登校するということにも周囲の子どもたちのまなざしは温かい。学級の雰囲気が悪くなったり，いじめの案件が発生したり，学級崩壊になったりすると，A君の登校に何らかの影響を及ぼすだろう。さらに，学校の教師同士の関係性も重要となる。

　このように学校の援助は，学校という環境の中で行われる。子どもが所属する学級の状態，学校の状態，教職員の状況，どのような地域に居住しているのかといったことに影響される。これが，自主来談をベースに現実から離れた環境で行われる面接室でのカウンセリングとの違いである。

3. 学校カウンセリングにおける「連携」のかたち

　では，現在の学校カウンセリングにおいて，援助者同士や，学校側と

保護者がつながる「連携」にはどのようなものがあるのだろうか。学校心理学の提唱する「チーム援助」が，現場に適用可能な連携の理論的な枠組みを示してくれる。

石隈（1999）はチーム援助を「子どもの学習面，心理・社会面，進路面，健康面における問題状況の解決を複数の専門家（教師・スクールカウンセラー・特別支援教育コーディネーター）と保護者で行うこと」と説明する。チーム援助のメンバーには幅があり，担任とスクールカウンセラー，保護者がチームを組むケース（例えば，田村，2009）や，担任・養護教諭・学年主任など教師だけでチームを組む場合がある。

学校心理学では個別の援助チームが連携の最小単位となる。田村（2009）は，保護者，担任，スクールカウンセラーなどのコーディネーターがそこに入るとしている。学校の中にこうした小さな援助チームがたくさんできることが望ましい。しかし，校内に複数の援助チームが立ち上がっている状態では，そのチーム内の援助の整理をする役割が必要である。

不登校の援助でよく使われるのが，職員室近くの会議室などの「別室」に登校してもらう方法だ。教室に入るのが難しい子どもにとっては，別室が居場所となる。しかし別室に通う児童生徒が別室で対人関係のトラブルを起こしたり，マンガ本やゲームを持ち込んだりすることがあり，別室をどのように運営するのかが教職員で議論となる。こうなると，学校全体で別室の取り扱いを決める必要がある。学校全体で援助をコーディネートしていかなくてはいけない。そこで，学校心理学では援助チームに加え，「コーディネーション委員会」「マネジメント委員会」の2つを提案し，3つの層に分類している（図1-1参照，家近，2011；石隈，1999；石隈・水野，2009；山口，2012）。

まず，個別の子どもへの援助を担任とコーディネーター（スクールカウンセラーなど）や保護者が協力して行う「①個別の援助チーム」があ

図1-1　援助サービスのシステム
（石隈・水野，2009；山口，2012を一部改変）

る。援助チームは子どものケースごとに作られる。したがって校内にいくつもの援助チームが設置される。「②コーディネーション委員会」とは「学校や学年での子どもの援助ニーズを把握しながら，そのニーズに応じた活動のコーディネーションを行う」と家近（2011）は説明している。さらに，山口（2012）は，「③マネジメント委員会」を「子どもの教育的ニーズに応じ，学校教育目標を達成するために，人材や組織を処理，経営することを目的とした委員会を総称する概念である。校長，副校長，教頭，各主任によって構成される委員会である」と定義している。

　瀬戸・石隈（2003）は，中学校教師410名を対象に調査を行い，コーディネーション行動には状況判断・援助チーム形成，役割権限，専門的知識，話し合い能力など実に多様な能力や権限が必要であることを示している。権限や職場の環境が整っていないところではコーディネーション行動は難しい。

　では，この援助チーム，コーディネーション委員会，マネジメント委員会を子どもの事例から見るとどうなるのであろうか。例えば，不登校の子どもの援助であれば，個別の不登校の子どもについて，どのようにすれば学校に復帰できるのか，どのように校内の別室（会議室）に登校してもらうのか，また，教育支援（サポート）センターの適応指導教室にどのように行かせるのかについての作戦会議は援助チームで行われるが，学校内の別室（会議室）に複数の子どもが登校している場合，別室（会議室）でどのように子どもを受け入れるのか，教師，養護教諭，スクールカウンセラーがどのようにかかわるかはコーディネーション委員会で検討する。さらに，この別室だけにかかわる教師を配置したり，授業に入ることが難しい児童生徒のために少人数学級を弾力的に運用したり，カリキュラムを工夫したり，ボランティア学生を配置するなどのことはマネジメント委員会の仕事である。この背後にはコーディネーション行動が存在するのである。つまり，組織ぐるみで取り組まないといけない。学校心理学は，ミニクリニックを学校内に作るカウンセリングモデルを志向するのではなく，学校ぐるみで学校を変えていく学校経営的な視点を持つものである。

　ここで教室に入ることが難しい中学1年生女子B子さんの事例を見

てみよう。

> ■ **事　例** ■
> **保健室登校のB子さん（中学1年生）**
>
> 　中学1年生のB子さんは，毎日10時ごろに登校してくる。その前は半年ほど不登校であった。B子さんは，登校すると保健室で過ごす。養護教諭と信頼関係が構築でき，談笑できるが，教室に入りづらい生徒が数名過ごす別室には入ることができない。教師の間には，養護教諭の援助に感謝する声もあったが，B子さんが保健室の「ぬるま湯」に浸かっているのではないかという懸念が広がっていた。そこで，生徒指導主事は，担任，学年主任，管理職（教頭），養護教諭，スクールカウンセラーを交えて，B子さんの援助をどのように考えていくのかというコーディネーション委員会的な会議を開催した。養護教諭は，担任や学年の教師の「保健室がB子さんを甘やかしている。保健室がぬるま湯になっている」という意見があることにうすうす気づいていた。幸いB子さんは，この養護教諭と少しずつ「算数の基礎」のプリント学習を始めていた。小学校時代もB子さんはなかなか登校ができず，高学年の算数の知識が欠けている状態であった。そのプリントの学習状況を説明したところ，教師の誤解は解け，何名かの教師からはB子さんのプリントを添削したいという申し出があった。ただ，B子さんは担任を含め学年の教師と対面することに不安を感じているため，添削を学年の教師がしてよいかB子さんに聞いてみることとした。B子さんは養護教諭の提案に驚きながらも，「英語のC先生なら添削してもらってもよい」と言った。すぐにC教諭とのプリント交換が始まった。養護教諭が丁寧にB子さんに説明したことと，この学校の教職員が無理をせず，慎重に段階を踏んで，B子さんとの距離を縮めていったことで，数カ月後には，保健室に担任や学年の教師が入って会話できるようになった。

　例えば，ここで，「保健室は子どもの心身の健康をケアするところで，勉強をするところではない」といったことや，「別室をせっかく設けているのだから，B子さんもそこに入ってもらわないと困る」といった意見が出ると，B子さんに合った援助が提供しにくくなる。この学校

がB子さんの援助を上手にコーディネートしたことで，養護教諭の援助力，学年の教師の協力が功を奏した。大切なことは，援助ニーズの高い子ども一人ひとりに合った最適な援助を提供することである。その学校の援助資源をよく見て，教師の強みを見ながら，無理なく長続きする援助，本人に合った援助を探ることが大事である。

連携の必要性は以前から指摘されていることで，目新しいことではない。筆者は多くの場面で連携の難しさを教育関係者に訴える機会があるが，学校関係者の多くはインフォーマルな人間関係を構築し，その中で連携していくことをイメージすることが多い。多くの学級が崩壊し，子どもの問題行動が多く認められたある学校で，その市の教育委員会関係者が「もっと先生方が交流してください。飲みにいってください」と言ったことがある。連日の深夜までの勤務で「飲みにいくなら休みたい」というのが教師の本音であった。もちろんインフォーマルな人間関係は重要だが，それだけでは子どもを効果的に援助するための連携は進まない。筆者が必要だと思っているのはフォーマルな連携である。

なぜフォーマルな連携が必要なのか。2つ大きな理由がある，と考える。1つは，インフォーマルな連携では，インフォーマルな人間関係が優先されてしまい，協力・連携ができにくいということである。もう1つは，インフォーマルな連携では，児童生徒に与えるサービスに格差が生まれるからである。

山口（2008）はチーム・エラーの1つとして「指摘の失敗」があると言っている。指摘の失敗とは，同僚がミスをしても，そのミスを指摘しないということで，チーム・エラーの中で最も起こりやすいとしている。看護師を対象とした研究成果から，業務においてミスが発生しても，ミスを犯した人との対人葛藤を回避しようとして，他のメンバーのミスやエラーを指摘しないということが起こるとしている。例えば，同僚の教師がミスをしても，周囲の教師はそのミスを指摘しないということが起こりうる。インフォーマルな場面では，教師も同僚との人間関係の葛藤を経験したくないので，ミスを指摘しないということが起こりやすいのではないか。これが，インフォーマルな人間関係に根ざした連携では不十分だと筆者が考える理由である。

さらに，インフォーマルな人間関係では，教師間のネットワークに格差が生じる。ある教師は，教育支援（サポート）センターの適応指導教室での勤務経験を活かし，電話1本で相談員と連携し，不登校の子どもを援助する。しかし，同じ学校においても教育支援（サポート）センターとまったく連携しない教師も存在する。フォーマルなチームであれば，教育支援（サポート）センターにつながりのある教師がセンターを紹介することも可能だ。濱野（2002）は，鳥取県A市と隣接郡部，鹿児島県B市と隣接郡部，東京都C区と隣接区において，不登校支援機関とそのネットワークのあり方に関する調査を実施した。その結果，公的支援機関の支援方針および支援内容は3地域ともほぼ同じであった。しかし，支援機関のネットワークのあり方には大きな差があり，得られる支援の内容やアクセスに違いが生じていると濱野は指摘している。筆者は，アクセスの違いは教師のインフォーマルなネットワークの違いであると感じている。教育はきわめて公共的な営みであるので，教師によって提供できるサービスにバラツキがあってはならない。

4．中学生の適応尺度から見たチーム援助の必要性

　子どもはどのように困り感を認識するのだろうか。学校における適応にはどのような側面があるのだろうか。前節では不登校の事例から連携の必要性を論じたが，ここでは中学生の適応を測定した調査から考えてみたいと思う。
　学校心理学（石隈，1999）では，子どもの援助を学習面，心理・社会面，進路面，健康面の側面からとらえようとしている。このようにとらえることで，子どもに援助が届きやすいからである。心理面の落ち込みを抱えている生徒が，落ち込み自体を相談することに抵抗がある場合，生徒の学習面の悩みや進路面の悩みが援助されることで，心理面にまでよい影響を及ぼす可能性がある。
　子どもの心理面の適応と学習面や進路面の適応は相互に相関が高いことが予想される。しかし，教師の中には，学習面は教師が援助する領域

であり，心理・社会面は生活面を担当する生徒指導主事やスクールカウンセラーが援助する領域であると考える人がいる。進路面は担任とともに進路指導担当教員がカバーすべき領域のようだ。また，健康面は養護教諭がカバーすべき職域である。さらに，石隈（1999）の援助領域を学習面，心理・社会面，進路面，健康面に分けて見ていく考え方を実証的に裏付ける必要性もある。そこで水野・三野輪（2010）は，首都圏の私立中高一貫校中学生584名を対象に質問紙調査を行った。項目は先行研究などから，学習面，心理・社会面，進路面，健康面の領域を測定すると思われるものを作成した（水野・石隈・田村，2003）。結果は因子分析により分析された（表1-1参照）。因子は5因子が抽出され，予測どおり，適応尺度は〈心理領域〉〈進路領域〉〈身体領域〉〈学習領域〉〈社会領域〉の5因子に集約された。

　さらに，因子同士の相関を見ると，〈身体領域〉と〈心理領域〉が.605の中程度の相関，〈学習領域〉と〈進路領域〉が.415の低い相関，〈社会領域〉と〈心理領域〉〈進路領域〉の相関がそれぞれ，.337，.312の低い相関を示した。このことは，〈心理領域〉で不適応の生徒は〈身体領域〉で不適応の可能性があり，心理面で課題を抱えた子どもが身体の症状を訴えて保健室を訪れることもあることを示唆している。カウンセラーと養護教諭が連携する必要性がある。さらに，学習の問題で不適応の子どもが，友人との関係の問題を訴えることもある。友人との関係はスクールカウンセラーや養護教諭も話を聞く場合があるので，担任とスクールカウンセラーや養護教諭との連携の必要性を示すデータであるといえる。

　本研究では，先行研究を参考に図1-2（p.15）のようなモデルを想定した。そして共分散構造分析によるパス解析を実施した。適合度はおおむね良好な値を示した。パス図を見ていくと，まず〈学習領域〉から〈心理領域〉に.22の有意な正の影響が確認された。〈社会領域〉から〈心理領域に.24の有意な正の影響が示された。〈進路領域〉から〈心理領域〉には有意な影響は確認されなかった。また〈心理領域〉から〈身体領域〉に対しては.58の有意な正の影響が示された。さらに，〈学習領域〉と〈進路領域〉は.33の有意な正の相関，〈学習領域〉と〈社会領域〉は.24

表 1-1　適応尺度の因子分析結果（水野・三野輪，2010）

	第1因子 心理領域	第2因子 進路領域	第3因子 身体領域	第4因子 学習領域	第5因子 社会領域
18. 私は最近，何となく不安になることがある (*)	.709	-.019	.008	-.113	-.005
16. 私は最近，さびしくなることがよくある (*)	.678	.017	-.015	-.075	.025
14. 私は最近，感情の変化が激しい (*)	.662	-.027	-.076	.149	-.147
12. 私は，最近，自分の性格の問題で悩んでいる (*)	.591	-.017	-.050	.003	-.005
15. 私は毎日緊張の連続で，息苦しさを感じることがある (*)	.590	.047	.040	.015	.045
22. 私は，最近，自分の外見（顔つきや体つき）のことで悩んでいる (*)	.590	.046	-.057	-.010	-.071
20. 私は何かに追いつめられているような感じをよく持つ (*)	.586	.079	.171	-.059	.052
13. 私は最近，いらいらしがちだ (*)	.559	-.060	.021	.107	-.001
19. 私は何かにしばられ自由に動けないよう (*)	.490	-.002	.146	.007	.078
21. 私は小さなことでもすぐかっとなる (*)	.452	-.009	.005	.064	.048
43. 私にはなりたい職業や興味のある職業がある	-.062	.734	.012	-.067	.008
44. 私は自分の将来に夢や希望を持っている	.085	.665	.010	.004	.057
45. 自分の進みたい職業の分野については自分から調べている	.011	.636	-.194	-.082	.014
31. 私は，将来の進路や職業について，関心・興味がない (*)	-.163	.619	.090	.118	-.025
42. 志望職業はまだ決まっていない (*)	.032	.610	-.026	-.137	-.103
33. 私は生き方を自分で決めることができる	.142	.580	-.054	-.038	-.008
32. 私の未来には明るい希望がある	.183	.531	-.009	.084	.034
38. どんな職業につくかは自分にとってはたいした問題ではない (*)	-.128	.484	.123	.207	-.044
41. 志望職業の内容や就職方法などは自分で調べている	.099	.453	-.137	-.063	-.002
35. 進学や進路先のことはあまり気にならない (*)	-.218	.438	.098	.147	-.040
40. 進学先は誰か他の人にきめてもらいたい (*)	-.002	.427	.131	-.028	.077
48. 私は最近，頭がくらくらする (*)	-.030	-.016	.891	-.083	-.005
49. 私は最近，頭が重い (*)	.041	.011	.853	-.050	-.012
47. 私は最近，頭痛がする (*)	-.065	-.023	.828	-.107	.053
50. 私は最近，体がだるい (*)	.113	-.031	.693	.037	-.048
51. 私は最近，体が熱っぽい (*)	.047	.011	.636	.038	-.035
52. 私は最近，体から力がわいてこない	.252	-.014	.455	.200	-.024
7. 私は最近勉強する気があまりない (*)	.005	-.088	-.014	.768	-.057
5. 私は，最近，いっしょうけんめい勉強している	-.038	.016	-.078	.651	-.059
1. 私は授業に集中することができる	.010	.073	-.039	.517	.022
3. 私は最近，宿題をさぼりがちである (*)	.061	-.081	.000	.515	.008
2. 私は授業が楽しいと感じる	.000	.048	-.042	.459	.204
8. 私は，学校での勉強に価値があるかどうか疑問に思う (*)	.077	.015	-.025	.449	.055
24. 私はクラスの友達と一緒によく遊ぶ	-.011	-.025	-.026	-.042	.806
23. 私はクラスの中に一緒にいて楽しくなる友達がいる	-.037	-.023	-.007	-.002	.732
25. 私はクラスに何でも話せる友達がいる	.002	.000	-.054	.014	.709
27. 私はクラスの友達とはあまりつきあおうとは思わない (*)	.013	.010	.080	.089	.579
因子負荷量の2乗和	6.988	4.060	1.791	1.510	1.119
累積寄与率	18.887	29.860	34.701	38.782	41.806
因子間相関 F1 心理領域		.066	.605	.292	.337
F2 進路領域			.111	.415	.312
F3 身体領域				.240	.193
F4 学習領域					.258

(*) ＝逆転項目

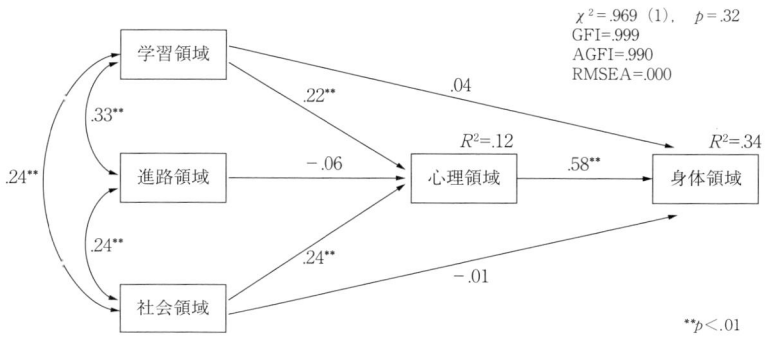

図1-2　適応尺度の構造（水野・三野輪，2010）

の正の相関,〈進路領域〉と〈社会領域〉は .24 の正の相関が示された。

　このことは，中学生の学習の側面の適応，将来の仕事や進学についての進路面の適応，学級での友人関係を基盤とする社会面の適応が現実的な適応領域であり，それが心理面の適応に関連し，身体面の適応に影響を及ぼすモデルの妥当性がある程度確認されたことを示す。スクールカウンセラーに心理面で相談した中学生は，学習面でも課題を抱えている可能性がある。さらに，養護教諭に身体面で相談する中学生は，学習面や社会面での課題を抱えている可能性がある。

　以上のことから，子どもの適応を見ても，問題領域別ではなく，チームで子どもを援助する必要性がうかがえる。

リフレクション

1) 学校に通いにくくなるというのはどういうことか，事例を参考にしながら振り返ってみましょう。
2) 援助をコーディネートするというのはどのようなことか，学校場面を思い出し，まとめてみましょう。
3) 学校では，勉強のほかに，友だち関係，班活動，学校行事，クラブ（部）活動などがありますが，どの領域でうまくいくことが重要でしょうか。自分の体験を振り返ってみましょう。

第 2 章

援助を求める子ども，求めない子ども

　学校においてチームで援助を提供する必要性の1つに，援助ニーズの高い子どもがなかなか援助を求めないという実態がある。学校にカウンセリングの力量のある教師が配置されても，さらにスクールカウンセラーを配置しても，援助ニーズのある子どもが援助を求めないのであれば，別の方法で子どもを援助する必要がある。援助者の緩やかなネットワークにより援助をしていくこと，すなわち教師やスクールカウンセラーがチームで子どもを支えることの意義が，ここにもうかがえる。わが国の子どもたちは，学校生活において困ったことがあったら，どのように周囲の大人に援助を求めるのだろうか。問題が認められ自分で問題を解決できない場合に他者に援助を求めるかどうかを表す概念を「被援助志向性」といい，こうした研究は被援助志向性，援助要請研究としてまとめられている。

1. 子どもは教師やスクールカウンセラーに援助を求めるのか

　「子どもは教師やスクールカウンセラーに援助を求めるのか」と尋ねられたら，その回答はおそらく「No」である。いくつかの研究を見ると，中学生は教師やスクールカウンセラーになかなか相談しない実態が浮かび上がってくる。山口・水野・石隈（2004）が関東圏の中学生372名を対象に，適応尺度ごとに相談する相手を質問したところ，心の教室相談員・スクールカウンセラーに相談すると答えた中学生は，〈心理・社会領域〉が7名（1.9%），〈学習領域〉が8名（2.2%），〈進路領域〉

が 10 名（2.7%），〈心身・健康領域〉が 11 名（3.0%）という結果であった。また，水野・石隈・田村（2006）が関東圏の中学生 477 名を対象に，教師やスクールカウンセラーに対する被援助志向性を調査したところ，〈学習・進路〉〈心理・社会・健康領域〉の心の教室相談員・スクールカウンセラーに対する被援助志向性の 1 項目あたりの平均値は 5 件法（1 点〜5 点）で 1.3 点〜2 点ときわめて低かった。教師に対する被援助志向性も同様に 1 項目あたり 1.57 点〜2.07 点と低かった。

2. なぜ，子どもは教師やスクールカウンセラーに援助を求めないのか

　子どもが教師やスクールカウンセラーに援助を求めないのはなぜなのだろうか。谷川・葛西（2002）は，スクールカウンセラーを配置する中学校 4 校の生徒 635 名とその保護者 534 名を対象に実施した調査で，「スクールカウンセラーに相談したことがない」と回答した生徒に理由を尋ねている。その結果，最も多かったのは「特に相談するような悩みがなかったから」（56.4%）であった。以下，「知らない人に話すのが恥ずかしかったから」（21.8%），「相談室に入りにくかったから」（21.8%），「相談の仕方がわからなかったから」（19.7%），「相談できることを知らなかったから」（18.6%）と続いている。

　この調査結果で注目されるのは，「知らない人に話すのが恥ずかしい」「相談室に入りにくい」など，相談に対する懸念，否定的な認識の存在である。筆者は，2004 年 6 月〜10 月に大阪府・埼玉県の大学生，大阪府の高校生，茨城県の中学生，合計 291 名を対象にスクールカウンセラーの援助に対する抵抗感を自由記述式で尋ねた（水野，2007）。その結果，スクールカウンセラーの援助に対する抵抗感は（1）遠慮，（2）汚名への心配，（3）呼応性への心配，（4）年齢・性別，（5）自己開示への恐れ，（6）相談スキル，（7）カウンセリングへのなじみのなさ，（8）相談に対する態度の 8 領域に分類された（表 2-1 参照）。これらの変数のうち，〈遠慮〉〈汚名への心配〉〈呼応性への心配〉〈自己開示への恐れ〉などは他の研究者によっても指摘されている。

表 2-1 スクールカウンセラーの援助に対する抵抗感の自由記述調査(代表的な記述)
(水野, 2007)

(1) 遠慮	「何となくカウンセラーというのは大げさ」「(スクールカウンセラーに)こんなくだらないことを相談してもよいのかと思った」「カウンセラーはもっと重症な人が行くところという感じがした」
(2) 汚名への心配	「カウンセラーの部屋に行くところを見られるとあとから(周囲の人に)何か言われるかなと思ったりすることもあった」「周囲の人の目が気になるから相談できない」「カウンセラーの先生と相談しているところや,相談室に入っていくところをだれかに見られて,何か言われるかもしれないから」
(3) 呼応性への心配	「一度相談したことがあったけど,全然力になってくれなかったから,相談しても,どうせどうにもならないと思った」「相談する相手が私の話していることに対してどう思っているのか不安になるし,完全には相手を信じることができなかった」
(4) 年齢・性別	「カウンセラーの人がおじさんだったり,年があまりにも離れていたら,どうせわかってくれないだろうと相談に行く気が起こらない」「自分と同じようなことを体験していなさそうな人には相談しにくい。なるべく年齢が近い人が相談しやすい」「私の通っていた中学校には2人配置されていましたが,どちらも女性でした。女の子の立場としては,女性でしかも年配の方が相談しやすいでしょうが,やはり男の子の立場からしたら,男性のカウンセラーの存在を望むかもしれません」
(5) 自己開示への恐れ	「見ず知らずの人(会って間もない人)に話せるはずがないと思います。やっぱり話しづらいと思う。私なら絶対話せません」「教師やカウンセラーに相談すると確実な答えが返ってくるだろうけど,自分のことをいきなり話したくない」
(6) 相談スキル	「(相談するとき)どう話したらよいかはっきりわからなかった」「自分でも何で悩んでいるのかわからない。言葉にしにくい」「自分の気持ちがゴチャゴチャになって,自分の気持ちがよくわからなくなっているから人には話しにくい」
(7) カウンセリングへのなじみのなさ	「私が中学生のときのカウンセラーの人は学校に来るのが不定期だったので,いつ来ているかわからなくて訪ねることができませんでした」「(スクールカウンセラーが)どういう人なのか,きちんと紹介されることがなかった」
(8) 相談に対する態度	「(悩みは)自分のことだし,周りの人間を支えたりはげましたりすることはできても解決するのは自分自身だと思うから(相談しない)」「人間関係でも進路のことでも,ひととおり自分で考えて結論を出そうとします。それは話すことが恥ずかしいと思ってしまうからだと今では思っています。見方によってはプライドが高いとも言えます。ある程度考えて気持ちがすごくしんどくなってしまったら口から出てきていたような気がします」

3. 教師やスクールカウンセラーに援助を求めやすいのはどのような子どもか

　一方で，教師やスクールカウンセラーに援助を求めることに抵抗をもたない子どももいる。そうした子どもの特徴から，子どもに援助が届く秘訣を探ることができるかもしれない。

　水野（2007）は中学生982名を対象に，〈心理・身体領域〉〈進路領域〉〈学習領域〉〈社会領域〉からなる学校心理学的適応尺度とスクールカウンセラーに対する被援助志向性の相関を検討した。スクールカウンセラーに対する被援助志向性は，〈援助の肯定的側面〉〈相談スキル〉〈遠慮の少なさ〉〈相談に対する懸念・抵抗感の低さ〉〈自己開示への恐れのなさ〉の5因子で測定された（表2-2参照）。

　適応とスクールカウンセラーに対する被援助志向性の相関を表2-3に示す。適応尺度の〈心理・身体領域〉と被援助志向性尺度の〈相談スキル〉〈遠慮の少なさ〉〈相談に対する懸念・抵抗感の低さ〉〈自己開示への恐れのなさ〉の相関は.204〜.260の低い正の相関であった。適応尺度の〈学習領域〉と被援助志向性尺度の〈援助の肯定的側面〉の相関は.254点台の低い正の相関であった。いずれも低い相関係数であるが，適応得点の高い生徒，すなわち学校に適応できている生徒は被援助志向性が高い傾向がうかがえた。

　さらに，水野（2004）が中学生542名を対象に調査し，教師の援助に対する抵抗感を〈呼応性への心配〉〈汚名への心配〉〈遠慮〉で測定したうえで自尊感情との相関を求めたところ，自尊感情の高い生徒のほうが教師の援助に対する抵抗感が低い結果となった。

　これらのことから，適応できている子ども，自尊感情の高い子どものほうがスクールカウンセラーや教師の援助に対して肯定的であることがうかがえる。

　スクールカウンセラーに対する被援助志向性，教師に対する被援助志向性に関する調査結果を逆の視点から見ると，適応得点の低い人，自尊感情の低い人はスクールカウンセラーや教師の援助には否定的である可

表 2-2　スクールカウンセラーに対する被援助志向性尺度（水野，2007）

〈援助の肯定的側面〉
　スクールカウンセラーは，自分が悩んでいることを尊重してくれそうだ
　スクールカウンセラーは，よいアドバイスをくれそうだ
　スクールカウンセラーは，真剣に話を聞いてくれそうだ
　スクールカウンセラーは，気持ちを理解してくれそうだ
　スクールカウンセラーは，相談しやすい雰囲気を作ってくれそうだ
　スクールカウンセラーは，秘密を守ってくれそうだ
〈相談スキル〉
　スクールカウンセラーに相談するとき，自分のつらい気持ちをどう表現したらよいかわからない（*）
　スクールカウンセラーに相談するとき，自分の問題をどのように話したらよいかわからない（*）
　私はスクールカウンセラーに相談したいことを，整理して伝えることができない（*）
　スクールカウンセラーに，自分の問題をうまく伝えられない（*）
　スクールカウンセラーに相談する方法が，よくわからない（*）
〈遠慮の少なさ〉
　スクールカウンセラーは，別の相談で忙しいので私の問題は相談できない（*）
　スクールカウンセラーは，毎日学校にいないので相談しにくい（*）
　私が相談したいとき，スクールカウンセラーは学校にいない（*）
　スクールカウンセラーに相談するのは申し訳ない（*）
　スクールカウンセラーは，忙しそうで相談できない（*）
〈相談に対する懸念・抵抗感の低さ〉
　スクールカウンセラーに相談したことは，家の人（保護者）に伝わりそうだ（*）
　スクールカウンセラーに相談したことは，先生に伝わりそうだ（*）
　スクールカウンセラーに相談したことについて，秘密が守られるかどうか心配だ（*）
　スクールカウンセラーに相談に行くと，何でも聞かれそうで嫌だ（*）
　スクールカウンセラーに相談に行くと，言いたくないことまで言わされそうで心配だ（*）
〈自己開示への恐れのなさ〉
　あまりよく知らない人に自分の問題を相談できない（*）
　スクールカウンセラーに自分のことは話せない（*）
　スクールカウンセラーは普段，しゃべる機会がないので相談しにくい（*）

(*) = 逆転項目

表 2-3　適応尺度得点と被援助志向性尺度の相関関係（水野，2007）

学校心理学的適応尺度	援助の肯定的側面	相談スキル	遠慮の少なさ	相談に対する懸念・抵抗感の低さ	自己開示への恐れのなさ
心理・身体領域	.024	.260**	.217**	.242**	.204**
進路領域	.186**	.022	-.065*	-.014	.015
学習領域	.254**	.064*	.008	.075*	.056
社会領域	.190**	.102*	.124**	.029	.047

*$p<.05$, **$p<.01$

能性が浮かび上がってくる。援助ニーズの高い子どもをどう援助につなげるかを議論するうえで、子どもの被援助志向性を高めることを視野に入れる必要がありそうである。

4. 子どもの被援助志向性を高める手がかり

では、子どもの被援助志向性を高める方略は存在するのだろうか。現在までの実証研究を見ていくと、被援助志向性を高めるための手がかりとなる変数をみつけることができる。ここではこれらを解説していきたい。

(1) 接触仮説

接触仮説（Fischer & Farina, 1995）は、心理学を勉強したり、メンタルヘルスの専門家やカウンセラーと接触すれば、援助を求めることについて肯定的な態度を示すとしている。このことは海外の実証研究でも支持されている。例えば、カールトンとディーン（Carlton & Deane, 2000）は中学生、高校生を調査し、事前の援助経験は「自殺念慮」の援助要請意図と関連が認められたとしている。加えて、23名の高校生を対象にグループインタビュー調査を実施したウィルソンとディーン（Wilson & Deane, 2001）は研究から、生徒が事前の援助体験に満足した記憶を思い出すことができれば次の援助要請につながることを指摘している。

わが国においても、佐藤・宮崎（2012）は中学生227名、高校生229名、大学生220名を対象に調査を行い、中学生、高校生、大学生ともに相談経験を有している人はカウンセラーに対する抵抗感が低いことを指摘している。水野・山口・石隈（2009）は中学生382名を対象に調査を行い、接触仮説の検証を試みている。この研究では、スクールカウンセラーとの接触をスクールカウンセラーとの会話経験（会話経験あり・なし）、スクールカウンセラーだよりの閲覧頻度（「いつも読む」「ときどき読む」「全く読まない」）から見ることにした。そして、これらの接触

表 2-4 スクールカウンセラーとの会話経験別の被援助志向性得点の平均値（標準偏差）（水野・山口・石隈，2009）

	援助の肯定的側面	相談スキル	相談に対する懸念・抵抗感の低さ	遠慮の少なさ	自己開示への恐れのなさ
会話経験あり	23.079（5.026）（N=38）	15.684（5.338）（N=38）	15.462（5.281）（N=39）	18.158（4.353）（N=38）	10.000（3.086）（N=39）
会話経験なし	20.155（6.146）（N=341）	14.947（4.850）（N=338）	14.100（5.165）（N=339）	18.180（4.167）（N=339）	8.794（3.504）（N=340）
t 値	2.828**	0.88	1.555	-0.031	2.059*

*=p<.05，**=p<.01

表 2-5 箕口（2007）が指摘するスクールカウンセラーと教職員，生徒との関係性構築の方法（筆者のまとめによる）

公式の場の活用	入学式，卒業式，始業式，学校説明会など，多くの人の目に触れる機会を用いて，スクールカウンセラーの名前と顔を一致させ，スクールカウンセラーの存在を認知してもらう。講演や研修，コンサルテーションなど，依頼が生じた場合は可能な限り積極的に応じる。
インフォーマルな場の活用	・課外活動への参加 学校紹介や学校探索などに参加。自由度の高い野外での活動に参加。 ・保健室での待ち伏せ 生徒が集合しやすい時間帯に，作業などをやりながら，生徒と偶然遭遇したという演出をし，さりげなく生徒と話す。 ・地域機関への挨拶まわり 近隣の小学校や保育園への挨拶。スクールカウンセラー作成のおたよりなどを持っていく。 ・授業の見学 授業に参加しながら生徒に声をかけていく。体育，図工，音楽，書道，少人数クラス授業などが参加しやすい。 ・印刷室の利用 教員と話をする際，印刷室が利用できる。他者の出入りが少ないので個別の対応が可能となる。プリントを折るなどの作業を手伝うことで雑談しやすい。

の頻度と，スクールカウンセラーにどの程度援助を求めるか（被援助志向性）を測定した。その結果，会話経験のある生徒の〈援助の肯定的側面〉〈自己開示への恐れのなさ〉の得点が高かった（表2-4参照）。さらに，スクールカウンセラーだよりの閲覧経験は被援助志向性の〈援助の

肯定的側面〉との間に.344の低い相関が認められた。

箕口（2007）は，コミュニティ心理学の立場から，スクールカウンセラーが公式・非公式の機会を利用して，生徒や保護者の前に出ることを奨励している（表2-5参照）。特にインフォーマルな場面を活用して子どもと接触を持つことで，被援助志向性が促進できる可能性がある。

(2) 援助要請スキル

相談するには，そのためのスキルが必要である。リックウッドら（Rickwood, Deane, Wilson, & Ciarrochi, 2005）も指摘しているとおり，援助を求める行動そのものが対人スキルと深く関係がある。事実，本田・新井・石隈（2010）は中学生309名を対象に援助要請スキル尺度を開発し，援助要請スキルを多く用いる中学生ほど受けた援助が多いことを指摘している。阿部・水野・石隈（2006）は中学生462名を対象に質問紙調査を行い，言語的援助要請スキル（表2-6参照）と援助不安（表2-7参照）が教師・友人に対する被援助志向性に与える影響を調べた。この調査では被援助志向性を1項目（5件法）で測定した。

言語的援助要請スキル得点と援助不安得点は平均値と標準偏差を基準とし，高得点群，中得点群，低得点群の3つの群に分類した。言語的援助要請スキルの3群，援助不安の3群を独立変数，被援助志向性を従属変数として2要因の分散分析を実施した。その結果，〈学習領域〉〈心理領域〉〈進路領域〉〈健康領域〉で，言語的援助要請スキルの主効果が認められ，スキルの高い群の被援助志向性が高いことがわかった。さらにまた，〈学習領域〉〈社会領域〉〈進路領域〉〈健康領域〉では，援助不安の主効果も確認され，援助不安が低い群の被援助志向性が高かった。この結果は，教師に対する被援助志向性を高めるには，援助不安に注意を払いながら，言語的援助要請スキルを高め，援助不安を低める必要があることを意味する。援助要請スキルを高めることを提案しているソーシャルスキルトレーニングもある（例えば，藤枝，2005；戸村，2009）。また，古谷（2011）は，学級経営の中で被援助志向性を高める実践について紹介し，被援助志向性を高めるスキルトレーニングについても指摘している。

表 2-6　言語的援助要請スキル尺度 (阿部・水野・石隈, 2006)

私は相談したいとき，タイミングを考えて相手に相談することができる	.655
私は話しているとき，相手の反応を見ることができる	.654
私は自分のつらい気持ちをどう表現してよいのかわからない（逆転）	.639
私は不安になった時，それを誰かに話すことができる	.635
私は困った状態を伝えるとき，身振りや表情なども使っている	.618
私は大事な話を，整理して伝えることができる	.615
私は，からだの調子が悪い時，自分の状態を言葉で伝えることができる	.604
私は人に頼む時，話し方や態度を工夫できる	.590
私は自分で頼めない時は，誰かに言ってもらうことができる	.556
固有値	3.541
寄与率（%）	38.347
α 値	.847

表 2-7　教師に対する援助不安尺度 (阿部・水野・石隈, 2006)

先生は，私が相談しても私に十分な援助ができないだろう	.655
先生に相談したら，周りの人は私を「自分で問題を解決できない弱い人間だ」と思うだろう	.781
先生に相談したことについて秘密が守られるかどうか心配だ	.715
先生に相談したら周りの人は私を「自分で解決する努力をしない人だ」と思うだろう	.711
先生は相談した問題を真剣に扱ってくれないだろう	.690
固有値	2.640
寄与率（%）	52.800
α 値	.846

(3) 情動コンピテンス

　スムーズに援助を求めるためには，問題を持っている人が自分の問題に気づき，自分の援助ニーズを認識したうえ，それを他者に表出できることが大切である。例えば，大河原（2004）は，不快感情を身体的・非言語的に表出しない子どもの存在を指摘している。不快感情を処理できない状態にある子どもは自己の否定的な感情（不快感情）に向き合わないので，援助を求める行動に至らない可能性がある。大学生 311 名を調査したコミヤら（Komiya, Good, & Sherrod, 2000）によると，自分の感情をありのままに感じるオープンな態度を持つ学生はカウンセラーの援助に対して肯定的であった。この 2 つの指摘を考慮すると，自己の否定的な感情に気づくこともまた，被援助志向性に関係しているのではない

かと予測できる。

　さて，否定的な感情を受け止められるようになるためにはどうしたらよいのだろうか。筆者は，自己の情動に対する気づきを高めていく必要があると感じている。

　自己の否定的な情動を認識することは情動コンピテンスと呼ばれてきた（Deane, Wilson, Ciarrochi, & Rickwood, 2002）。情動コンピテンスの高さは援助要請と正の関連があるという指摘がある（Ciarrochi, Deane, Wilson, & Rickwood, 2002; Ciarrochi, Wilson, Deane, & Rickwood, 2003）。よって，情動コンピテンスを高めれば被援助志向性が高まる可能性が考えられる。

　そこで，水野（2012）は中学生369名を対象に，豊田・桜井（2007）の中学生用情動知能尺度を情動コンピテンス尺度として使用し，被援助志向性との関連を検討した。なお，チャロキーら（Ciarrochi, Chan, & Bajgar, 2001）は情動コンピテンスと情動知能を同一概念として論じているので，ここでは情動知能尺度を使用し，情動コンピテンスと被援助志向性の関連を検討した。情動コンピテンス尺度は，〈情動の利用〉〈自分の情動の調整〉〈他人の情動の評価と認識〉〈自分の情動の評価と認識〉の4因子が抽出された（表2-8参照）。被援助志向性尺度は「スクールカウンセラーは気持ちを理解してくれそうだ」「スクールカウンセラーは真剣に話を聞いてくれそうだ」「スクールカウンセラーはよいアドバイスをくれそうだ」など6項目からなる〈援助の肯定的側面〉，「スクールカウンセラーに相談したことは親（保護者）に伝わりそうだ」「スクールカウンセラーに相談したことは先生に伝わりそうだ」「スクールカウンセラーに相談に行くと，言いたくないことまで言わされそうで心配だ」など4項目からなる〈相談に対する懸念・抵抗感〉の2因子が抽出された。〈援助の肯定的側面〉は得点が高いほどスクールカウンセラーに援助を求める傾向，〈相談に対する懸念・抵抗感〉は得点が高いほど援助を求めない傾向を示す。

　情動コンピテンスと被援助志向性の相関は表2-9に示したとおりである。相関は低いものの，〈情動の利用〉〈自分の情動の調整〉〈他人の情動の評価と認識〉〈自分の情動の評価と認識〉と被援助志向性の〈援助

表 2-8 情動コンピテンス尺度の因子分析結果（水野，2012；豊田・桜井，2007）

	情動の利用	自分の情動の調整	他人の情動の評価と認識	自分の情動の評価と認識
50 何かをする時はいつも，目標を立てて，それが達成できるように全力で努力する	.755	-.046	-.011	-.120
58 自分はやる気のある人間だ	.674	.062	-.090	.094
62 いつも何かするときは自分を励まして，全力でがんばるようにしている	.662	-.034	.012	.128
54 自分は，「よくできる」「がんばればできる人間だと」，いつも自分自身に言い聞かせている	.426	-.047	.166	.130
55 私は，自分自身の気持ちをコントロールするのが上手だ	-.089	.845	.038	-.038
63 自分自身の気持ちをうまくコントロールできている	.008	.718	.005	.104
59 腹が立って，気持ちが高ぶっても，すぐに落ち着きを取り戻すことができる	-.005	.651	-.116	-.008
51 私は，難しい問題が起こった時でも，自分の気持ちを抑えて，きちんと解決できる	.361	.475	.103	-.178
49 友だちの行動をみれば，その友だちが今どんな気持ちなのかがいつも分かる	-.011	-.097	.781	-.005
57 友だちの気持ちや感情を敏感に感じ取ることができる	.010	-.012	.699	.127
53 周りの友だちが皆，今どんな気持ちなのかいつも皆を観察して気にかけている	.070	.002	.631	-.155
61 何か起こったとき，周りの友だちがどうしてそんな気持ちになったのかが分かる	-.163	.137	.440	.220
60 私は，自分の気分がよい時や，嫌だなと思う時がいつも分かっている	.030	-.077	-.114	.759
56 私は，何か起こったときには，そのときの自分の気持ちがよくわかっている	-.017	.183	-.023	.593
52 私は，今すごく「うれしい」とか「つらい」とか，自分自身の気持ちを良くわかっている	.144	-.022	.073	.467
48 私は，何か起こった時に，自分がどうしてそんな気持ちになったのか，たいてい理由がある	-.032	-.048	.090	.407
自分の情動の調整	.511			
他人の情動の評価と認識	.454	.548		
自分の情動の評価と認識	.484	.512	.634	

表 2-9 情動コンピテンスと被援助志向性の相関（水野，2012）

	援助の肯定的側面	相談に対する懸念・抵抗感
情動の利用	.346**	-.041
自分の情動の調整	.247**	.000
他人の情動の評価と認識	.256**	.120*
自分の情動の評価と認識	.372**	-.015

*=$p<.05$，**=$p<.01$

の肯定的側面〉は正の関連が認められた。情動コンピテンスを高めることで，被援助志向性が高まる可能性が示された。

この調査から，自己の情動や他者の情動に気づくように介入することで，自己の不快感情を受け入れることにつながり，被援助志向性が高まる可能性を指摘できる。

(4) メンタルヘルスリテラシー

メンタルヘルスリテラシーとは，メンタルヘルスの認識，管理，予防を促進させるための，メンタルヘルスに関する知識と信念である（Jorm, Korten, Jacomb, Christensen, Rodgers, & Pollitt, 1997）。

メンタルヘルスリテラシーと被援助志向性の関連が認められない研究もある（例えば，Sheffield, Fiorenza, & Sofronoff, 2004）が，シモニデスとフランク（Chimonides & Frank, 1998）のように，メンタルヘルスに関する知識を提供する必要性を提唱した研究もある。心理学の知識を深めることで援助要請に肯定的な効果を及ぼすという指摘（Fischer & Farina, 1995）もある。2013年10月10日にはNHK教育テレビで「オトナヘノトビラTV ココロの不調に気づいたら」という番組が放送された。この番組は事例を用いながらメンタルヘルスへの理解を促している。

では，心の不調について誤解があると援助を求めないのだろうか。八鍬・水野（2011）は，大学生291名を対象に「心の病に関する否定的認識質問紙」の作成を試みている。水野（2012）は，この「心の病に関する否定的認識質問紙」をもとに「落ち込みに対する否定的認識質問紙（中学生版）」を作成している。これは，中学生420名を対象に「あなたが『落ち込むこと』について，どのように考えているか質問します。気分が落ち込んでない場合でも，あなたが日頃，気分が落ち込んだり，気が沈んだりすることについて，どのように考えているかをお答えください」と教示した。尺度は因子分析され，〈忍耐不足〉〈対処不足〉〈落ち込みの受容〉の3因子を抽出している（表2-10参照）。この調査では学校心理学的適応尺度，情動コンピテンス尺度項目も同時に尋ねた。

学校心理学的適応尺度は，学校心理学の枠組みにそって，〈学習領域〉〈心理領域〉〈社会領域〉〈進路領域〉〈身体領域〉の適応状態を尋ねたも

表2-10 落ち込みに対する否定的認識質問紙（中学生版）の因子分析結果
(水野, 2012)

	忍耐不足	対処不足	落ち込みの受容
47 人が落ち込んだり，やる気がなくなるのは，その人が耐える力がない人で弱いことが原因だと思う	.826	-.145	-.067
48 人が落ち込んだり，やる気がなくなるのは，その人が前向きに考えられないことが原因だと思う	.763	-.028	-.019
50 「今の状態がイヤだ」という人は，他の道を探す努力をしない人だ	.625	-.011	.007
51 落ち込んでいる人は，あきらめてしまっている人だ	.583	.044	-.132
49 「私には無理」「私にはできない」と勉強や仕事を投げ出すのは弱い人がすることだ	.573	.088	.131
41 やりたいことがはっきりしていれば，落ち込むことはない	-.031	.656	-.104
54 落ち込んだらまず友達に気持ちを話すとよい	-.180	.620	-.011
40 自分の気持ちは自分で変えられる	-.005	.540	.141
55 熱中できることが見つかれば，落ち込まない	.007	.527	-.180
52 支えてくれる友人がいれば，落ち込むことはない	.069	.516	-.192
53 いやなことがあったら，まず自分で行動してその状況を打開(解決)すべきだ	.265	.413	.141
39 つらくても，目の前にあるものにしっかりと向き合っていくべきだ	.144	.390	.283
46 根性があっても，落ち込むことがある	-.047	-.004	.776
44 人は友だちがいても落ち込むことがある	.028	-.004	.664
45 自分の心のことであっても，自分ではどうしようもないこともある	-.032	-.034	.649
対処不足	.412		
落ち込みの受容	-.132	-.153	

のであるが，この得点の合計点が平均値以下の200名のみを「援助ニーズ群」として抽出し，彼らの被援助志向性に情動コンピテンス，落ち込みに対する否定的な認識がどのように影響しているのかを重回帰分析により明らかにした（表2-11参照）。

　その結果，落ち込みに対する否定的認識では，〈援助の肯定的側面〉に対して，〈忍耐不足〉が β =-.164 の値で負の影響であり，落ち込むことを忍耐不足と考えている人は〈援助の肯定的側面〉の得点が低いことがわかった。さらに，〈相談に対する懸念・抵抗感〉については，〈忍耐不足〉が β =.286 で，落ち込みを忍耐不足ととらえている中学生は，スクールカウンセラーに対する援助について，懸念・抵抗感が高いことが明らかになった。

　情動コンピテンスでは，〈他人の情動の評価と認識〉が β =.183 で正

表 2-11　学校心理学的適応尺度得点が平均以下の 200 名に対する情動コンピテンス，落ち込みに対する否定的認識が被援助志向性に及ぼす影響（標準偏回帰係数）
（水野，2012）

$n=200$

	援助の肯定的側面	相談に対する懸念・抵抗感
情動の利用	.143	-.029
自分の情動の調整	-.148	-.142
他人の情動の評価と認識	.054	.183*
自分の情動の評価と認識	.157	.018
忍耐不足	-.164*	.286**
対処不足	.148	-.127
落ち込みの受容	.105	.023
R^2	.144**	.112**

*=$p<.05$，**=$p<.01$

の影響が示され，周囲の人の情動の理解得点が高い人ほど〈相談に対する懸念・抵抗感〉が高いという結果であった。

　以上のように，落ち込むことを自身の忍耐不足と考えている生徒はスクールカウンセラーに対する肯定的側面の評価が低く，さらに援助の懸念・抵抗感が高かった。重回帰分析の説明率が低いなどの課題は認められるものの，落ち込みに対する否定的なとらえ方が被援助志向性の低さにつながっている可能性がうかがえる結果となった。

　以上の結果から，落ち込むことは忍耐不足ではないと教示することで被援助志向性を高められる可能性が示唆された。小池・伊藤（2012）は，大学生を対象とした介入研究から，うつ病の症状や治療法だけでなく援助資源の情報を提供することが援助要請行動を促進させると指摘している。落ち込むことに対して介入するのではなく，その対処法を視野に入れたプログラム開発が必要である。

5. おわりに

　子どもに確実に援助を届けるうえで，子ども自身が必要な援助を求められるようになることも重要である。それには，スクールカウンセラーとの接触を高めること，言語的援助要請スキルを高めること，情動コンピテンスを高め自分の否定的感情に気づくこと，メンタルヘルスリテラシーを高め気分の落ち込みのメカニズムを知ることが有効だと考えられる。

　スクールカウンセラーとの接触を高めるためには，スクールカウンセラーと教師がチームとなって援助にあたる必要がある。なぜならスクールカウンセラーの勤務時間は週1回，6時間程度であり，効果的に子どもとの接触を高めるためには教師による理解と協力が不可欠であるからである。次章では，筆者の教育現場での取り組みを紹介したい。

リフレクション

1) あなたは，困ったときに誰に相談していますか。相談できる人のリストを作ってみましょう。
2) 援助の専門家のイメージを考えてみましょう。どんな人を想像しますか。
3) やる気がでないときに，どうしていますか。あなたの気分転換の方法を教えてください。

第 3 章　子どもはどうしたらスクールカウンセラーに相談したくなるのか

　第2章では，調査結果から，子どもが適切なときに援助を求められるようになるための手がかりとなる変数を紹介した。では，心理教育的な介入プログラムによって被援助志向性を高めることはできるのだろうか。被援助志向性や援助要請関係の研究では，被援助志向性に関連する変数を抽出する研究から，援助者に対する被援助志向性を高める介入研究が行われるようになってきており，その必要性も指摘されている。

　第2章では援助者として教師とスクールカウンセラーを想定して記述してきたが，この章ではスクールカウンセリングに対する被援助志向性に焦点を当てて論じることとする。そして，スクールカウンセラーの被援助志向性の側面からチームで取り組む学校カウンセリングについて考えてみたい。

　この章では，筆者が中学校において実施している，スクールカウンセラーに対する被援助志向性を高める試みについて紹介しよう。

1. 介入プログラム

　介入プログラム作成にあたっては，調査フィールドとなった関西圏のD中学校の養護教諭，スクールカウンセラー，管理職，学年主任と研究者（筆者）でプログラムの内容を検討した。なお，D中学校では相談室が設置され，スクールカウンセラーは週2回，午後に4時間程度，相談業務にあたっていた。

　第2章の量的調査の結果から得られた介入プログラムへの示唆，D中

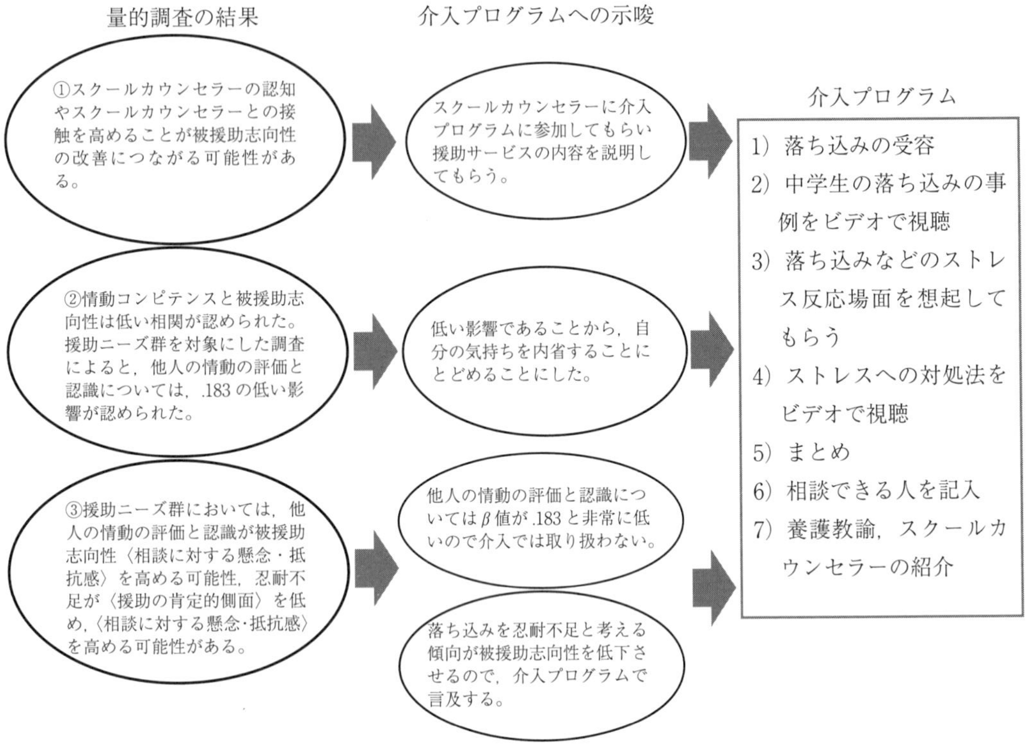

量的調査の結果　　　介入プログラムへの示唆　　　介入プログラム

①スクールカウンセラーの認知やスクールカウンセラーとの接触を高めることにつながる援助志向性の改善につながる可能性がある。

→ スクールカウンセラーに介入プログラムに参加してもらい、援助サービスの内容を説明してもらう。

②情動コンピテンスと被援助志向性は低い相関が認められた。援助ニーズは低い群を対象にした調査と、他人の情動の評価と認識については、.183の低い影響が認められた。

→ 低い影響であることから、自分の気持ちを内省することにとどめることにした。

③援助ニーズ群においては、他人の情動の評価と認識が被援助志向性〈相談に対する懸念・抵抗感〉〈援助の肯定的側面〉を高める可能性がある。〈相談に対する懸念・抵抗感〉を低め、〈援助の肯定的側面〉を高める可能性がある。

→ 他人の情動の評価と認識については β 値が .183 と非常に低いので介入では取り扱わない。

→ 落ち込みを忍耐不足と考える傾向が被援助志向性を低下させるので、介入プログラムで言及する。

介入プログラム
1) 落ち込みの受容
2) 中学生の落ち込みの事例をビデオで視聴
3) 落ち込みなどのストレス反応場面を想起してもらう
4) ストレスへの対処法をビデオで視聴
5) まとめ
6) 相談できる人を記入
7) 養護教諭、スクールカウンセラーの紹介

図 3-1　調査結果と介入プログラムの関連

学校で実施した介入プログラムの内容を図3-1に示した。まず，研究成果から，①スクールカウンセラーが配置されているという認知を高めたり，スクールカウンセラーと会話する場を設けること，②自分の気持ちを理解すること，③他者の気持ちに気づくことが，スクールカウンセラーへの被援助志向性と関連する可能性が指摘された。落ち込みを忍耐不足ととらえないことが被援助志向性を高める可能性も示唆された。

　介入プログラムを検討する段階で，自分の気持ちを内省したり他者の気持ちに気づくことを意味する「情動コンピテンス」を高めることには課題が認められた。自己の感情を内省することは，不適応を示す生徒にとっては自分の不適応症状に注目させることになり，リスクが伴う可能性が考えられた。そこで，この研究の介入では，情動コンピテンスについては，自分の気持ちを内省する機会を提供すること，そして抵抗のない生徒だけ他者に開示することを求め，生徒自身の感情を開示することを強制しないようにした。また，自己の感情を内省することに抵抗を示す生徒については，内省についても強制しないこととした。

　さらに，落ち込みに対する否定的認識については，落ち込みを忍耐不足ととらえないようにすることが，スクールカウンセラーに援助を求めやすくさせる可能性があることを紹介することにした。D中学校では，スクールカウンセラーとのパイプ役として養護教諭の存在も大きいことから，保健室の機能も紹介しながら1クラス50分の授業の中で介入プログラムを実施することとなった。なお，調査結果から，スクールカウンセラーとの会話場面を設ける必要性が確認された。しかしながら，50分間の授業時間の中で生徒とスクールカウンセラーの会話場面を設けることは不可能であった。そのため，ここではスクールカウンセラーの援助内容を説明し，スクールカウンセラーが提供している援助サービスの認知を高める介入を行うこととした。

　介入プログラムは7つのユニットに分かれている（表3-1参照）。まず，1）落ち込みという反応を理解することをめざした。落ち込みのメカニズムをストレス理論から説明し，ストレス反応として落ち込みがあることを指摘した。次に，2）東京学芸大学・日本イーライリリー株式会社作成の「『こころの病気を学ぶ授業』うつ病編　教材キット」の

表3-1 介入プログラムの内容

介入項目	内容
1) 落ち込みの受容	落ち込みをストレス反応の1つとして説明。中学校生活の中で落ち込みを経験しやすい対人関係，勉強，進路における落ち込み場面について説明。
2)「VTR5『個別エクササイズ』中学生A君の場合」(2分23秒)	中学生のA君が進路に悩み，さらにまた，文化祭の実行委員長を引き受け，対人葛藤を経験するという映像教材を提示。熱心に取り組むことで落ち込むことがあることを示した。
3) 落ち込みなどのストレス反応場面を想起してもらう	学校生活の中で落ち込んだ経験，そのときの気持ち，その場合のストレス対処法を想起し，ワークシートに記入。可能な場合，4名程度でその経験をシェアリング。
4) 同上「VTR7 ストレス対処」(3分49秒)	睡眠や気分転換などのリラックスについての解説を視聴し，生徒自身のストレス対処法について話し合ってもらった。
5) まとめ	落ち込むという気持ちは誰にでも起こることを確認。
6) 相談できる人を記入	落ち込んだときに相談できる人をリストアップ。
7) 養護教諭，スクールカウンセラーの紹介	養護教諭から保健室で提供しているサービス，スクールカウンセラーから相談室で提供しているサービスについて説明した。相談室の利用方法，守秘義務などについて説明した。

中の「VTR5『個別エクササイズ』中学生A君の場合」(2分23秒) の映像を見てもらった。この映像は，中学生のA君が受験したい高校が両親の希望とは異なること，同時に文化祭の実行委員長を引き受け，一人で準備に追われ，級友との対人葛藤を経験。そして疲労から勉強に身が入らない状態になり，落ち込んでいくことをアニメーションで示したものである。実際の介入プログラムでは，進路，勉強，級友との対人関係がストレッサーとなり，こうしたストレッサーへの対処が難しく，さまざまなストレス反応を起こすこと，その反応の1つとして「落ち込み」という反応があることを説明した。そして，3) 無理のない範囲で落ち込みなどのストレス反応を想起してもらい，4人程度の班で落ち込んだ経験を話し合ってもらった。さらに，4) 同じ教材の「VTR7 ストレス対処」(3分49秒) を見てもらった。これは自己のとらえ方を変える，自己主張，リラクゼーションなどのストレス対処法について解説している。このビデオを見た後，生徒自身のストレス対処法を話し合ってもらった。5) まとめとして，落ち込むことは誰にでも起こることであり，一生懸命努力してうまくいかないと落ち込むものであると締めくく

った。次に実習として，相談できる人をワークシートに記入してもらった。これは自分の周囲にどのような相談相手がいるのか気づくためのものである。最後に，7）養護教諭，スクールカウンセラーから，それぞれが提供しているサービスについて説明してもらった。

介入は，2010年7月に一度，予備的な実践を行った。問題点を確認し，2011年7月および2012年7月に介入を実施した。2011年7月の実践においては，測定尺度に一部，課題が認められたため，2012年7月に再度，測定尺度を検討し効果測定を行った。

なお，介入は7月初旬に学級ごとに50分間，合計4学級を対象に行った。介入プログラムの実施は筆者が担当した。

2. 測定方法と測定具

介入1週間前にプリテスト（事前測定）と介入1週間後にポストテスト（事後測定）を実施した（図3-2参照）。なお個人を特定するために，調査協力者にはニックネームと誕生日の日付のみを調査票に記載することを求めた。調査は学級ごとに実施し，調査への協力は任意であること，調査への回答は学業成績や評価には一切影響しないこと，回答したくない項目は回答しなくてもよいこと，調査データは研究の目的でのみ使用されることを口頭で教示した。

測定具は以下のとおりである。

1) 被援助志向性尺度

被援助志向性尺度は，2008年に中学生369名を対象として実施した調査によって作成した項目を使用した。

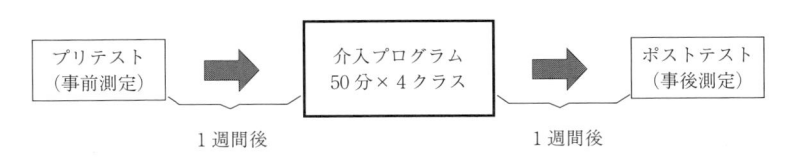

図3-2　研究のデザイン

表 3-2 スクールカウンセラーに対する被援助志向性尺度の因子分析結果
(水野, 2012)

	援助の肯定的側面	援助に対する懸念・抵抗感
スクールカウンセラーは真剣に話を聞いてくれそうだ	.880	.087
スクールカウンセラーは気持ちを理解してくれそうだ	.870	.012
スクールカウンセラーは自分が悩んでいることを尊重してくれそうだ	.821	.040
スクールカウンセラーはよいアドバイスをくれそうだ	.811	-.018
スクールカウンセラーは秘密を守ってくれそうだ	.755	-.087
スクールカウンセラーは相談しやすい雰囲気を作ってくれそうだ	.750	.035
スクールカウンセラーに相談したことは親（保護者）に伝わりそうだ	.230	.743
スクールカウンセラーに相談に行くと、言いたくないことまで言わされそうで心配だ	-.209	.692
スクールカウンセラーに相談したことは先生に伝わりそうだ	.286	.692
スクールカウンセラーに相談に行くと何でも聞かれそうで嫌だ	-.209	.684
スクールカウンセラーに相談したことについて秘密が守られるかどうか心配だ	-.250	.528
援助の肯定的側面		-.252

2008年調査の因子分析結果を表3-2に示す。〈援助の肯定的側面〉は得点が高いほどスクールカウンセラーの援助を肯定的にとらえる傾向，〈援助に対する懸念・抵抗感〉は得点が高いほどスクールカウンセラーの援助に懸念や抵抗感を示す傾向がある。11項目についてどの程度あてはまるかを，「よくあてはまる」（4点）から「まったくあてはまらない」（1点）で回答してもらった。

2）落ち込みに対する否定的認識尺度

第2章（表2-10）で示した落ち込みに対する否定的認識尺度を使用した。この尺度は，〈対処不足〉9項目，〈落ち込みの受容〉4項目，〈努力不足〉3項目で落ち込みに対する認識を測定するものである。なお，〈対処不足〉〈努力不足〉は得点が高いほど落ち込みに対して否定的な認識を示している。〈落ち込みの受容〉は得点が高いほど落ち込みに対して肯定的な認識を示している。この項目についてどの程度あてはまるかを，「よくあてはまる」（4点）から「まったくあてはまらない」（1点）

で回答してもらった。

3）スクールカウンセラー配置の認識や相談経験

以上の項目の他に、「中学校にスクールカウンセラーが配置されていることを知っているか」を「知っている」「知らない」の2件法で、スクールカウンセラーとの会話経験を「話をしたことがある」「話をしたことがない」の2件法で、スクールカウンセラーとの相談経験を「相談したことがある」「相談したことがない」の2件法で質問した。

3. 結果と考察

介入1週間前、1週間後にそれぞれ調査を行い、153票の調査票を回収した。うち、150票が有効回答であった。

被援助志向性尺度の下位尺度得点の平均値（標準偏差）は、〈援助の肯定的側面〉の事前測定が19.40（3.78）、事後測定が19.60（3.79）であった。〈援助に対する懸念・抵抗感〉は事前測定が12.95（3.69）、事後測定が11.87（3.91）であった（図3-3参照）。被援助志向性の各下位尺度得点に対する介入の効果はt検定で検討した。その結果、〈援助に対する懸念・抵抗感〉得点については、事前測定より事後測定の得点が有意に減少した（$t=3.95, p<.01$）。

今回の介入プログラムでは〈援助に対する懸念・抵抗感〉のみで得点の改善が認められた。プログラムでは、スクールカウンセラーから相談室の利用方法について説明が行われた。相談内容の秘密保持なども説明内容に入っていた。スクールカウンセラーのサービスになじみがなかった生徒にとって、こうした具体的な説明をスクールカウンセラーから

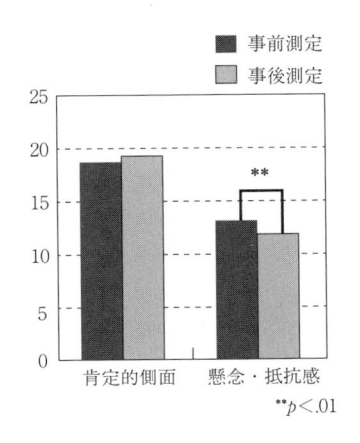

図3-3 被援助志向性得点の変化
（水野、2012）

直接聞けたことで〈援助に対する懸念・抵抗感〉が低くなった可能性が考えられる。しかし，〈援助の肯定的側面〉については効果が認められなかった。この下位尺度は，「スクールカウンセラーは真剣に話を聞いてくれそうだ」「スクールカウンセラーは気持ちを理解してくれそうだ」などの項目からなる。これらの項目はスクールカウンセラーと密に接することで得点が上昇する項目なのかもしれない。今回はスクールカウンセラーが個別の生徒と接触体験を持ったわけではなかったので，得点が有意に上昇しなかったのかもしれない。

　一方で，〈援助に対する懸念・抵抗感〉の得点は改善した。中岡・兒玉・栗田（2012）の大学生を対象とした取り組みでは，映像を用いてカウンセリングの説明やカウンセラーからの来談を呼びかけた群は，ナレーションによる情報提供と比較して援助要請不安，援助要請期待は5％水準で高まり，援助要請意図は10％水準で高まったと報告している。この結果からも，このような直接的な呼びかけは利用者の懸念や抵抗感を低めるといえよう。

　スクールカウンセラーが配置されているのを知っていると回答した生徒は83.3％から98.7％に増加した（表3-3参照）。さらに，スクールカウンセラーとの会話経験も5名から9名へと，わずかながら増加した（表3-4参照）。相談した生徒も事前測定では0名であったのに対し，1週間後の事後測定では2名に増えた（表3-5参照）。

　これは，箕口（2007）の提案する，スクールカウンセラーの顔を実際に見てもらう場面を作るという提言を支持した結果といえる。今後，フィッシャーとファリーナ（Fischer & Farina, 1995）が指摘するような接触場面を設け，厳密な意味での接触仮説を検討する必要がある。

　今回，落ち込みに対する否定的なとらえ方を改善することも，介入の目的の1つであった。落ち込みに対する否定的認識尺度の下位尺度得点は変化があったのだろうか。

　落ち込みに対する否定的認識尺度の下位尺度得点の平均値（標準偏差）は，〈忍耐不足〉の事前測定が11.80（3.91），事後測定が11.23（3.69）であった。〈対処不足〉は事前測定が20.80（3.71），事後測定が20.45（4.05）であった。〈落ち込みの受容〉は，事前測定が9.72（1.67），

表3-3 スクールカウンセラーの認知の変化（水野, 2012）

	事前測定	事後測定
スクールカウンセラーが配置されていることを知っている	125名(83.3%)	148名(98.7%)
スクールカウンセラーが配置されていることを知らない	25名(16.7%)	2名(1.3%)

表3-4 スクールカウンセラーとの会話経験の変化（水野, 2012）

	事前測定	事後測定
会話経験あり	5名（3.3%）	9名（6.0%）
会話経験なし	145名（96.7%）	141名（94.0%）

表3-5 スクールカウンセラーとの相談経験の変化（水野, 2012）

	事前測定	事後測定
相談経験あり	0名（0%）	2名（1.3%）
相談経験なし	150名（100%）	148名（98.7%）

事後測定が 9.80（1.99）であった（図 3-4 参照）。

　心理教育の効果を検討するために，事前測定と事後測定の得点を t 検定で検討した結果，〈忍耐不足〉得点は，事前測定より事後測定が有意に減少した（$t=2.39, p<.05$）。

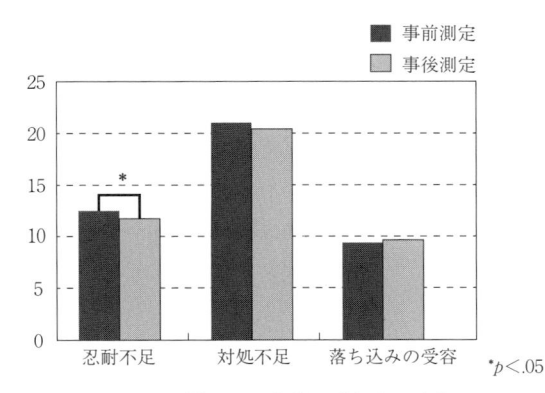

図3-4 落ち込みに対する否定的認識得点の変化（水野, 2012）

すなわち，落ち込みに対する否定的認識尺度の〈忍耐不足〉は，t検定の結果，有意差が認められ，心理教育が効果をもたらした可能性がある。

　〈忍耐不足〉は「人が落ち込んだり，やる気がなくなるのは，その人が耐える力がない人で弱いことが原因だと思う」「人が落ち込んだり，やる気がなくなるのは，その人が前向きに考えられないことが原因だと思う」「『今の状態がイヤだ』という人は，他の道を探す努力をしない人だ」などの項目からなる下位尺度である。落ち込むという状況を，ビデオの中学生の事例や自身の経験を内省することにより，落ち込みが忍耐不足からくるものであるという参加者の意識を改善させた可能性がうかがえる。さらに第2章での調査の結果，忍耐不足と考える生徒は〈援助に対する懸念・抵抗感〉が高い可能性が指摘されていた。今回の介入でも同様の傾向が確認できたといえる。

　しかしながら，〈対処不足〉〈落ち込みの受容〉得点は有意な変化が認められなかった。〈対処不足〉は，「やりたいことがはっきりしていれば，落ち込むことはない」「落ち込んだらまず友だちに気持ちを話すとよい」「自分の気持ちは自分で変えられる」，〈落ち込みの受容〉は，「根性があっても，落ち込むことがある」「人は友だちがいても落ち込むことがある」などの項目で測定されている。今回の介入では，友人や家族，養護教諭やスクールカウンセラーに相談することについて，ワークシートを用いて介入した。落ち込みの対処そのものに注目していないこと，落ち込みを受容する必要性にはそれほど力点を置かなかったことも，下位尺度得点に変化が認められなかった要因として考えられる。

　このようなことから，子どものスクールカウンセラーに対する〈援助に対する懸念・抵抗感〉を低下させ，被援助志向性を高めるためには，カウンセラーとの接触場面を設け，提供されるサービス内容を説明することである程度効果が期待できる可能性が示唆された。同時に，落ち込みに対する否定的認識，特に忍耐不足についても言及する必要がある。この2つの介入のポイントは図3-5に示した。

　さらに第2章での調査の結果，スクールカウンセラーだよりを読んでいる生徒は被援助志向性が改善する可能性が指摘された。こうしたスク

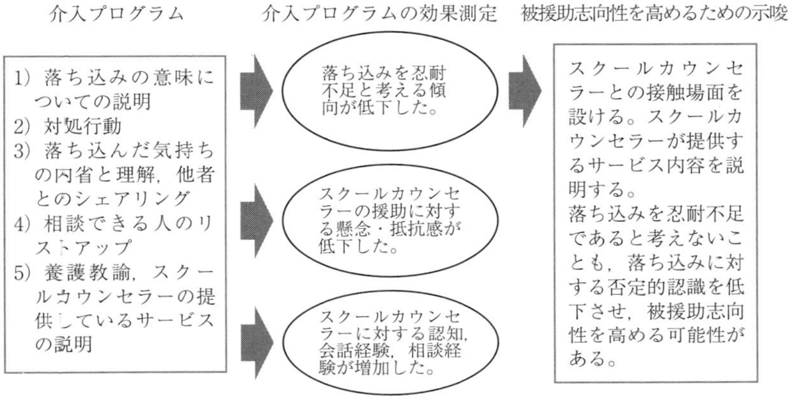

```
介入プログラム          介入プログラムの効果測定    被援助志向性を高めるための示唆
```

介入プログラム	介入プログラムの効果測定	被援助志向性を高めるための示唆
1) 落ち込みの意味についての説明 2) 対処行動 3) 落ち込んだ気持ちの内省と理解，他者とのシェアリング 4) 相談できる人のリストアップ 5) 養護教諭，スクールカウンセラーの提供しているサービスの説明	落ち込みを忍耐不足と考える傾向が低下した。 スクールカウンセラーの援助に対する懸念・抵抗感が低下した。 スクールカウンセラーに対する認知，会話経験，相談経験が増加した。	スクールカウンセラーとの接触場面を設ける。スクールカウンセラーが提供するサービス内容を説明する。 落ち込みを忍耐不足であると考えないことも，落ち込みに対する否定的認識を低下させ，被援助志向性を高める可能性がある。

図 3-5　介入プログラムの効果測定から実践への示唆

ールカウンセラーからのアプローチも重要である。

　本研究ではこのような結果が認められたものの，課題を残すこととなった。1つは情動コンピテンスへの介入方法についてである。個人の情動に焦点付けする方法論は対象の中学生に対してリスクも予想されたので，本研究が生徒個人の情動コンピテンスにどの程度影響を与えたのかは疑問が残る。さらに，授業スケジュールなどの理由から，統制群が設定できなかったことも課題である。

4．おわりに

　この章ではスクールカウンセラーへの被援助志向性に焦点を当て，どのようにしたらスクールカウンセラーに対する被援助志向性を高めることができるかを論じた。スクールカウンセラーへの相談に対する抵抗感を低め，援助ニーズのある子どもが気軽に援助を求められるようになれば，子どもに援助が届くようになる。

　では，この調査・実践結果を受けて教師は何をしたらよいのだろうか。教師は，子どもとスクールカウンセラーとの接触場面を増やすことを試

みたい。例えば、スクールカウンセラーと一緒に授業を行う、帰りの会にスクールカウンセラーをゲストとして呼ぶ、学級の子どもを相談室に連れていくといった試みが考えられる。

教師は子どもの落ち込みに対する否定的認識について介入する機会は多くある。なぜなら、教師は定期テストや部活動など、子どもが失敗する体験に出会うことが多いからである。このときに、子どもの否定的な感情に丁寧に傾聴することが大事である。「弱音を吐いていないで頑張りなさい」といった声かけは、今回の調査結果からすると、被援助志向性を低めるおそれがあるのでしないほうがよいと思われる。

＊本研究は平成20年度～23年度JSPS科研費20530594「中学生のカウンセラーに対する被援助志向性を高めるための介入プログラムの開発」の助成を受けた。

リフレクション

1) 学生生活や教員生活でうまくいかないとき、どのような感情が自分の気持ちの中にあるのか、無理のない範囲で振り返ってみましょう。
2) 困っている子どもにどのように教師やカウンセラーに相談することをすすめますか。具体的な場面をイメージし、意見交換をしてみましょう。
3) 気軽に専門家に助けを求められる社会とはどのような社会でしょうか。社会の一員としてできることはないでしょうか。考えてみましょう。

第4章 チーム援助を学校に定着させる
―― 教師の被援助志向性から考える

　教師が他の教師，援助者にどのように助けを求めるかを意味する「教師の被援助志向性」は，チーム援助の鍵概念である。田村・石隈（2001）の中学校教師に対する被援助志向性の研究によると，被援助志向性が低く，同僚に援助を求めない教師はバーンアウト傾向が高いという結果が得られた。これは，被援助志向性が低いためチームで取り組む傾向が少なく，さまざまな援助が得られず，結果的にバーンアウトに陥るのではないかと想像することができる。

　では，被援助志向性を高めれば本当にチーム援助が促進されるのか。このあたりは，実証研究を経た知見が提出されていない。もし，被援助志向性以外の変数がチーム援助に関連しているのなら，新たに検討する必要がある。

1. チーム援助に対する教師の意識

　わが国において教師を対象にチーム援助に対する意識を直接尋ねた調査研究は，石隈（2000）の研究が最初ではないかと思われる。石隈（2000）は，チーム援助志向性尺度を開発し，スクールカウンセラーが配置されている小学校48校の208名の担任教師を対象に調査を行い，担任のチーム援助志向性は期待と不安の2つの因子で説明できることを明らかにしている。さらに，教師の校内でのフォーマル，インフォーマルなコミュニケーションがチーム援助志向性と関連していると指摘している。中村・田上（2005）は，不登校の子どもの援助について「いつ，

どこで，誰がどのように」援助を行うかを教師，スクールカウンセラーで話し合うことで，子どもの不登校が改善したという事例を報告している。この事例報告は，校内のコミュニケーションがチーム援助の第一歩であることを示すものである。

　しかし，本当に被援助志向性やコミュニケーション，援助構造だけがチーム援助に関連しているのだろうか。学校にはさまざまな委員会が設置されているが，そうした委員会との関連はないのだろうか。この点を明らかにしているのが山口（2012）の研究である。山口（2012）は，中学校137校とその教員3,540名を対象に調査を行っている。管理職と主任層を対象にマネジメント委員会機能尺度，管理職，主任層，一般教員を対象にチーム援助体制尺度，さらに，管理職以外の教員を対象にチーム援助行動尺度への回答を求めた。その結果，①一般教員の援助チームへの積極的関与，援助チームでの役割遂行に影響を及ぼす変数は，管理職が回答したマネジメント委員会機能尺度の〈情報共有・問題解決〉であった。②主任層が回答したチーム援助体制尺度では，〈学年会・委員会の活用体制〉〈保健室・相談室の活用体制〉の影響力が強かった。山口（2012）は，管理職がマネジメント委員会で情報を共有し，なおかつ主任層に学年会や委員会，さらに，保健室・相談室の協力を仰ぐことがチーム援助の成功の鍵であることを示している。

　この山口（2012）の研究では中学校の教員を対象にしていたが，西山・淵上・迫田（2009）は小学校，中学校，高校の179校の教員を対象に調査を行い，教育相談が定着するための要因について検討している。具体的には，管理職のリーダーシップや職場風土などの変数がどのように関連しているのかを検討している。教育相談の定着尺度は「貴校では，生徒の支援には，みんなで抱え，取り組もうとする姿勢がある」「貴校における教育相談活動の方向性は，教職員全体に共有されていると思う」などのチーム援助に関連の深い項目を従属変数にしている。つまり，西山・淵上・迫田（2009）のいう教育相談の定着はチーム援助志向性を意味する。

　その結果，教育相談の定着に直接的な影響を示したのは，広報活動，ネットワーク，情報収集，マネジメントの〈システム〉と職場の〈協働

的風土〉であった。校長のリーダーシップは，システムや職場の協働的風土を介して間接的な影響にとどまった。

2. 何が教師の被援助志向性を高めるのか

　しかしながら，これらの研究では教師の被援助志向性との関連は検討されていない。例えば，被援助志向性と職場の雰囲気や教師が抱える児童生徒の指導の困難性などとの関連はどうなるのであろうか。

　筆者ら（水野・中林・佐藤，2011）は，地方都市 E 市で教師を対象に，チームで連携を組むことに対する不安や期待感に関連するものは何かについて調査を実施した。関連要因が抽出できれば，チーム援助を促進するための有益な情報を得ることができるからである。

　この調査の対象者は，E 市の不登校の研修会に参加した小学校 122 名，中学校 126 名，その他校種 2 名，不明 1 名，計 251 名の教師であった。表 4-1（p.46）のようなチーム援助志向性尺度（石隈，2000），および職場雰囲気を測定するために，淵上ら（2004）の職場風土認知尺度を使用した。さらに，生徒の関わりにくさ尺度（谷口，2007），教師の被援助志向性尺度（田村・石隈，2006），勤務する校種，性別などを質問した。チーム援助志向性尺度はチーム援助を実施したり，チーム援助に参加しているかという行動の頻度ではなく，チーム援助に対する意識を測定した。この尺度得点が高い教師はチーム援助に対する意識も高く，チーム援助を提案したり，援助チーム会議に熱心に参加してくれるだろうと考えた。チーム援助志向性尺度は表 4-1 のような因子構造となり，第 1 因子は〈チーム懸念〉，第 2 因子は〈子ども支援への期待〉，第 3 因子は〈参加者自身への期待〉と命名された。変数同士の関連は重回帰分析によって分析された。

　結果は表 4-2（p.46）のとおりであった。筆者らの仮説に反して生徒の関わりにくさ尺度（指導困難・理解困難）はチーム援助志向性に有意な影響を及ぼさなかった。この結果は，教師が子どもの指導や理解に困っても，チーム援助への期待が高まらない可能性を意味している。「子

表 4-1 チーム援助志向性尺度（石隈, 2000 を一部改変し因子分析した結果）

〈チーム懸念因子〉
9 チーム支援は自分の（教師としての）力量不足が明らかになる
7 チーム支援だと教師の責任感がうすれやる気がなくなる
4 チーム支援だと責任の所在が不明確になる
3 チーム支援で意見が食い違ったときの混乱が心配である
6 チーム支援は自由に話せる雰囲気があるかどうか気になる
1 チーム支援は教師の個性が反映されなくなる
2 チーム支援に参加するとチームメンバーとの相性が気になる
5 チーム支援だと情報の秘密が守られない
10 チーム支援にかけると生徒（児童）や保護者への働き掛けに時間がかかる
〈子ども支援への期待因子〉
12 チーム支援によって生徒（児童）や保護者に適切な対応ができる
13 チーム支援は打開策が見いだせるという期待がある
14 チーム支援は生徒（児童）や保護者への適切な対応が考えられる
11 チーム支援によって教師に協力的な雰囲気が生まれる
15 チーム支援は生徒（児童）理解において新たな視点が得られる
〈参加者自身への期待〉
17 チームだと自分の気持ちを分かってもらえる
16 チームだとやる気が起こる
19 チームだと自分の仕事の負担が軽減される
18 チームだと自分の仕事の役割を明確にできる

注）調査を行った自治体の教育委員会ではチーム援助を「チーム支援」という言葉で学校現場に紹介している。そのため、この調査では「チーム支援」という用語を使用した。

表 4-2　教師のチーム援助志向性を規定する要因

	チーム懸念	子どもの支援への期待	参加者自身への期待
協働的雰囲気	-.118	.367**	.374**
同調的雰囲気	.043	.008	.169*
指導困難	-.040	.056	-.024
理解困難	.087	.053	.011
援助関係に対する抵抗感	.410**	-.264**	-.183**
援助の欲求と態度	-.182**	.197**	.282**
小学校・中学校	.013	.018	.068
性別	.053	.043	.045
R^2	.321**	.357**	.281**

$*p<.05$, $**p<.01$

どもの理解や指導に困ったらチームで連携せよ」というかけ声は，学校現場では効果がないのかもしれない。また一般に，小学校より中学校のほうが連携は進んでいると指摘されているが，校種はチーム援助志向性には影響が認められなかった。

　チーム援助志向性に関連していた変数は，職場雰囲気，被援助志向性であった。職場雰囲気の〈協働的雰囲気〉は，チーム援助志向性の〈子ども支援への期待〉〈参加者自身への期待〉に対して正の影響を示していた。〈協働的雰囲気〉とは「教師一人ひとりの意欲が大切にされており，各自の個性を尊重し，発揮し合う形でよくまとまっている職場である」や「教育実践や校務分掌に関する教師間の多様な意見を受け入れて，みんなで腹を割って議論できる雰囲気である」といった項目からなる尺度である。自分の学校がこうした雰囲気であると感じている教師は，チーム援助志向性が高かった。ただし，チーム援助志向性の〈参加者自身への期待〉に関しては，〈同調的雰囲気〉から弱い正の影響も認められたので，〈協働的雰囲気〉だけがチーム援助志向性を高めるとは断言できない。しかし，協働的雰囲気を醸成することはチーム援助を学校に導入するうえでも重要である。

　教師のチーム援助志向性に最も影響を与えた変数は，〈援助関係に対する抵抗感〉〈援助の欲求と態度〉の教師の被援助志向性尺度である。標準偏回帰係数には幅があるが，〈援助関係に対する抵抗感〉はチーム援助志向性を低める傾向，〈援助の欲求と態度〉はチーム援助志向性を高める方向が確認された。職場を協働的雰囲気にすることと教師の被援助志向性を高めることがチーム援助を学校に定着させるために重要である可能性が調査結果からうかがえた。

表4-3　小学校教師のためのチーム援助研修プログラムの内容（夏期・6時間）
（梅川，2011をもとに作成）

	内　容
事例を分析する視点を養う	5～6名で問題行動を示す児童の事例を分析する。
とらえ直し・例外探し	事例をとらえ直し，児童や家族の得意なところ，できているところを分析する。
叱る基準や対応の明確化	教師間で叱る基準や対応を統一しておく必要があるので，暴言場面などを想定して実習してみる。

表 4-4　研修前・研修後・1 カ月後（フォローアップ）の被援助志向性得点の平均値（標準偏差）の変化

	研修前	研修後	1 カ月後（フォローアップ）	F 値
状態被援助志向性（$n=26$）	74.69 (7.86)	79.77 (8.59)	74.35 (8.63)	14.805** 研修前＜研修後, 研修後＞1 カ月後 +
被援助に対する懸念や抵抗感（$n=27$）	16.88 (4.93)	14.44 (4.61)	16.74 (4.95)	7.867** 研修前＜研修後, 研修後＞1 カ月後 +
被援助に対する肯定的態度（$n=29$）	24.00 (3.28)	25.31 (3.87)	23.97 (3.98)	2.321

$+ p < .10$,　$** p < .01$

　では，教師の被援助志向性を高めることは可能なのだろうか。梅川（2011）では表 4-3 のような教師のためのチーム援助研修を実施している。水野・梅川（2008）はこの研修の効果測定を田村・石隈（2006）の状態被援助志向性尺度，特性被援助志向性尺度を使って実施している（表 4-4）。29 名という少人数であったが，研修前と研修後では被援助志向性尺度得点が肯定的に変化した。しかし，1 カ月後のフォローアップではその効果が持続しなかった。研修は一時的には参加者の被援助志向性を改善することが明らかになった。長期的に被援助志向性が変容可能なのかについては，今後検討する必要がある。

3. チーム援助を学校に定着させるための4つのポイント
　　　──筆者の経験から

　研修は一時的にせよ，その効果が認められた。では，チーム援助を学校に定着させるための手かがりはないのだろうか。筆者は，2005 年度から関西圏のある市の教育委員会と連携し，月1回，中学校区の幼稚園，小学校，中学校の教師と援助チーム会議を実施している。学校心理学では，この会議を「援助チーム」と呼んでいる。厳密にいうと，家近・石隈（2003）の「コーディネーション委員会」に近いが，ここでは「援助チーム会議」と呼ぶ。
　筆者は，援助チーム会議が定着し機能するためには，（1）アクションプランを考える，（2）援助の目的を共有する，（3）教師の仕事を援助者

としてとらえる，(4) 会議の参加者・人数，の4つのポイントが必要であると考えている。

(1) アクションプランを考える

　援助チーム会議では，まず担任がケースの概要を紹介する。時系列の事実関係を列挙した手書きのメモを配布できたら理解も早まる。そこから参加者が想像力を働かせ，この子どもを援助するには何ができるかを考えていく。もちろん，WISCなどの知能検査の所見やQ-U（河村，2007）などのアセスメントの指標があれば共通の理解も図られる。

　子どもの状態が理解できたら，「誰がいつ何をするか」のアクションプランを考える。援助チーム会議を行うときは，筆者は現場では30～40分程度で「誰がいつ何をするか」という行動レベルのアクションプランを考えるようにアドバイスしている。カウンセリングで行うケース会議の倍の速さだ。教師は時間に追われているので，このくらいの時間を設定しないと，参加する教師の負担となる。不登校の子どもに会えない男性担任の場合，例えば，生徒の緊張が和らぐ金曜日の夜に女性の養護教諭と一緒に家庭訪問する，保護者とのトラブルの場合は，例えば，前年の担任が家庭訪問するなどの「誰がいつ何をするか」がわかるようなプランを考えることが大事だ。そうすることで，次回の援助チーム会議でそのプランを振り返ることができる。当然，アクションプランはケースごとに異なる。

(2) 援助の目的を共有する

　元吉（2011）は，チーム援助では具体的な目的を会議参加者同士で共有することが大切だと指摘している。例えば，不登校の子どもを支援する場合，何を目的とするかが教職員の中で一致しないことがある。担任教師は，教室に入り授業を受けることが登校だと思っていることがある。しかし，養護教諭や管理職は，教室に入れればよいが，それが無理なら保健室や図書室に登校できればよいと考えているのかもしれない。ここにずれがあると，援助計画の立案，保護者との対応などで援助の方向性が一致しない。担任教師の願いは，担任としての思いから出ている場合

もあるので，共感しながら，子どもにとってどうなるのが一番よいのかについて話し合うことが必要だ。担任は，他の子どもからの期待，担任自身の使命感などがあり，総じて不登校の子どもを教室に復帰させたいと思っていることが多いようだ。しかし，不登校の子どもを一足飛びに教室に復帰させようとするのは無理がある。網谷（2002）は小学校，中学校の教師438名を対象にした調査で，不登校生徒を担当している教師は仕事の負担を感じていたと指摘している。

　このようなことを防ぐには参加者全員で援助案を考えられることが望ましい。コンサルテーションには専門家が専門知識に基づきアドバイスを提供するという特徴があるが（Dettmer, Thurston, Knackendoffel, & Dyck, 2009），経験のある教師や専門家が処方箋を出すようなかかわりは援助チーム会議には望ましくない。できることは学校ごとにばらつきがあるし，子どものありようも異なる。子どもと実際に対応している第一線の教師が自分でアイデアを出すことが大事だ。

（3）教師を援助者としてとらえる

　援助チーム会議にケースを出す担任には心理的負担がかかる。いかに援助ニーズの高い子どものケースでも，援助チーム会議にケースを出さざるをえない状況に対して，自分の教師としての指導力不足，今までの指導の失敗を嘆いているところがある。

　担任の責任感や自責の念は仕方がないが，ひとときだけでもそのような重圧から解放され，担任自身が自分のことを援助者としてとらえることができたら援助案も考えやすいのではないか。責任感を感じているときは「できなかったこと」「やらなければいけないこと」に気持ちを向けている。また，子どもに対しても「やるべきこと」に注目してしまいがちである。そうではなく，「子どものために自分ができること」を考えると意外とスムーズに援助案が出てくることがあるようだ。

（4）会議の参加者・人数

　援助チーム会議は会議であるので，参加する人数，役割などについてさまざまな意見が提案されている。筆者がかかわっている援助チーム会

議は，不登校やいじめなどのケースを出す児童生徒の担任，管理職，小学校，中学校の生徒指導主事，幼稚園の教諭，教育委員会の指導主事，福祉関係の相談員，そして大学から筆者が参加している。

　管理職が参加するかどうかも援助チーム会議によって異なる。筆者らがある市の251名の教師を対象に調査した結果では，援助チーム会議に管理職が参加する割合は小学校では8割以上であるのに対し，中学校では57％となっていた（水野・中林・佐藤，2011）。筆者の経験でいうと，強いリーダーシップを発揮する管理職の場合は，何でも話せるという自由な雰囲気が壊されてしまうことがある。ただし，管理職が援助チーム会議に出席することで援助案の決定，特に外部組織と連携するか否かといったことについて素早くその場で決定できるというメリットがある。筆者の実践では，教育委員会の教育サポートセンターの指導主事も参加している。管理職，教育委員会の担当者が同席していることで，両者の連携はスムーズだ。

　石隈（1999）や田村（2009）は援助チーム会議に保護者が参加することを奨励している。保護者は子どもの成長を一番よく知っており，保護者の参加はチームにとって大きな力となる。菅野・網谷・樋口（2001）は不登校児童生徒を抱える保護者1,951名，教師345名を対象に調査を実施した。そして，保護者は学校に不登校の原因を帰属し，教師は保護者に不登校の原因を帰属しやすいと指摘している。そして，両者がお互いの気持ちを知ることが大切であると提案している。保護者が援助チームに加わることで，保護者と教師の歩み寄りが可能になる。さらに，チームでかかわることで，学校と家庭で連携しながら子どもを援助できる。特に　発達に偏りがある子どもの場合，学校での取り組みと家庭での取り組みをすり合わせるだけで，学校での援助が子どもに届きやすくなる。しかし，保護者と学校側が対立していると，保護者に援助チーム会議に参加してもらうのはなかなか難しい。さらに，多くの教師と同席する場面に入り発言することも，保護者にとってはプレッシャーとなる。そのために，田村（2009）のように担任とコーディネーター（カウンセラーなど）が保護者を支えながら学校側とのパイプ役になることも必要である。

会議の出席人数も援助チーム会議に影響を及ぼす。上村・石隈・永松（2001）は養護学校の教師77名の調査から，メンバーが16名を超えると「会議が協議組織として機能しない」と考える教師が増加することを示し，チーム援助には15名以内がよいという結論を得ている。さらに酒井・上村（2003）は保育従事者294名を対象に調査を行い，保育現場において，チーム援助の事例検討会に参加する人数は6〜10名が37％，11〜15名が39％であったとしている。筆者の経験からいうと，6〜10名前後がよいようだ。

リフレクション

1) 学校やアルバイト先を思い出し，自由に意見交換ができる職場とはどのような職場か考えてみましょう。
2) 教育実習中などで困ったことがあったとき，どのように周りの先生に助けを求めましたか。体験を振り返ってみましょう。
3) さまざまな立場から子どもを支えることができます。あなたの立場（教師，学生，ボランティアなど）からどのように子どもを支えることができるか，周囲の人と意見交換してみましょう。

子どもと教師のための「チーム援助」の進め方

第 2 部

チーム援助を核とした学校での援助

第2部では，現在の学校が抱えるさまざまな問題について，チームで取り組むことによるメリット，またその難しさを，事例を通して描いてみました。具体的には，児童生徒の不登校，保護者対応，学級崩壊，教師のメンタルヘルスを取り上げています。実際の教育現場では，教育課題は複雑に絡み合って起こります。本文中の事例も，さまざまな側面からとらえることができるでしょう。教師および学校がチームで子どもの援助にあたる必要性とその具体的な進め方，さらに課題を読み取っていただければと思います。

第5章 不登校の児童生徒をチームで援助する

　不登校がクローズアップされるようになってかなり経つが，学校現場にとっては依然として大きな課題である。自分の担任する学級に複数，中には5名ほどの不登校児童生徒がいるという事態もそう珍しくない。
　ここでは，不登校についての概観を示し，不登校児童生徒への対応について実践のヒントをチーム援助という立場から論じてみたい。

1. 不登校についての教師のさまざまな疑問

　不登校について研修会をしたり，不登校の児童生徒の援助チーム会議に参加すると，教師からさまざまな素朴な疑問が寄せられる。主なものとして，

1)「不登校というのは家庭に問題があるのではないでしょうか」
2)「不登校というのは都市化して地域のつながりがなくなったことが原因なのではないでしょうか」
3)「勉強ができないから不登校になるのではないでしょうか」

などがある。現時点での筆者の答えは，1）と2）は「No」であり，3）はケースバイケースということになる。
　まず，1）の「家庭に問題があるから子どもが不登校になる」ということについて考えてみたい。まず，家庭に問題が「ある，ない」というのは表面的なとらえ方である。筆者は学校に行けなくなった不登校の子

ども，その保護者と多くの時間を共有しているが，多くの保護者は子どもに向き合っており，援助者として共感し教えられることも多い。こうした家庭に対して「問題がある」としてしまうのは，あまりに表面的な理解ではないかと思えてくる。

　不登校の子どもを抱える多くの母親は，「不登校は母親の責任だ」と身内から責められたり，あるいは自身を責めたりしている。また，不登校のケース会議や援助チーム会議に出席すると，教師が不登校の原因を保護者や家庭に求めているのではないかと思うことがある。しかし，菅野・網谷・樋口（2001）の調査によると，不登校傾向群の子どもの保護者は不登校傾向を示さない子どもの保護者と比較しても，不登校を本人の問題としてとらえるよりも，学校や教師の問題としてとらえる傾向があるとしている。この調査結果が示していることは，保護者と学校側に認識のギャップがありそうだということである。両者の間にギャップが生じていれば，学校と保護者との連携に支障をきたす。

　次に，「不登校は都市化と地域社会の崩壊が影響している」という2)の言説である。もちろん統計数字を見れば不登校は都会に多い。しかし都市部は子どもの数も多い。平成20年度の統計（総務省統計局，2009）に，不登校の発生率を1000人あたりで換算しているデータがある。それによると，東京は10.9，大阪は12.1，愛知は12.6であるのに対して，長野は14.2，岐阜は13.8，島根は13.5，岡山は13.4である。もちろん，東京や大阪ではフリースクールなどの民間の支援施設が充実しており，フリースクールに登校すると出席扱いにする学校が多いことも，都市部の不登校児童生徒の比率が少ない理由とも考えられるが，このデータを見る限り，都会に不登校児童生徒の数が多いとは結論づけられない。現段階での筆者の回答はNoである。

　最後の3)「勉強ができないから不登校になるのでは」という問いもよく筆者に寄せられる。この問いに対する回答はケースバイケースである。学校は勉強するところであるので，学習面で苦戦を強いられると登校が難しいこともある。また，球技や陸上競技が苦手であることも苦戦の原因の1つになる。もし，当該の子どもに発達障がいの傾向が認められれば，学級単位の集団行動，学習面，対人関係面で苦戦が予想される。こ

うしたことが不登校の直接的,間接的原因になっていることもある。

2. 不登校の類型

　では,不登校はどのような枠組みでとらえられているのだろうか。伊藤（2011）は,今の不登校はそのありようが多様化しているという。中でも,発達障がいが背景にある不登校,怠学・無気力とみなされる不登校,虐待が背景に潜む不登校,いじめによる不登校の4つが,昨今の学校現場で気になると述べている。筆者は主に,カウンセラーとして不登校の子どもたちと接してきた。不登校を類型化することは,一方では目の前の子どもをカテゴリー化することにつながるという危険性もある。しかし,不登校の子どもを理解するためのチェックポイントのようなものはあると考える。ここでは,筆者が不登校の子どもをとらえる際のチェックポイントを列挙し,チームで不登校児童生徒を援助することについて解説したい。

(1) 登校の意志

　まず,不登校の子どもとかかわる際に,筆者が大事にしているのは,「登校の意志があるか」ということである。登校の意志がある場合,学校に行きたいわけであるので,教師やスクールカウンセラーの個別支援に乗りやすい。専門家にも援助を求めやすい。例えば,緊張から教室に入ることができず,登校できなくなった場合,登校の意志がある場合は,段階的に目標を設定してトライすることができる。一例を挙げると,校門まで来てみる,職員室まで来てみる。少し調子が出てくれば,保健室や相談室,図書室で過ごしたり,会議室（別室と呼ばれることが多い）で少しの時間を過ごすことも可能である。また,子どもによっては,別室や相談室ではなく,「体育の授業を遠くから眺めたい」「遠足に少し離れたところからついて行きたい」というような希望を持ち,こうした小さな目標を設定し,1つずつクリアしていくことで自信をつけ,少し前進しまた後退するということを繰り返し,半年から1年の期間を経てゆ

っくり改善していくケースも珍しくない。こうした援助は行動主義的カウンセリングや認知行動的カウンセリングを基礎にしたかかわりであるが，かかわりの詳細についてはコラム3に示した。筆者は，登校の意志がある不登校のケースでは，個別支援を基本とするが，登校に踏み出した段階や学級への復帰の場合は保護者，担任，養護教諭，スクールカウンセラーが連携しながら援助することが望ましいと考える。

　登校したいという子どもの気持ちはとても大事である。登校の意志のある子どもは先に述べたように，段階的な個別支援に乗ることができる。一方で，登校の意志がないとこうした支援は非常に難しい。最近では，「先生に会いたがっておりません」「カウンセリングは受けたがりません」との連絡を学校にしてくる保護者も少なくない。こうなると，「つながれる誰か，つながれる何か」が必要である。どのようにつながるかについては後述する。

コラム3　子どもに登校の意志がある場合の不登校児童生徒とのかかわり

　不安・緊張から登校が難しくなり，本人が「できたら登校したい」という希望を持っている場合，行動主義的カウンセリングや認知行動的カウンセリングを理論的基盤においたかかわりが可能になる。基本的には，本人との話し合いにより目標を設定し，それをクリアしながら，状況のとらえ方を変え，自信をつけていき，次のステップに進んでいくこととなる。

　例えば，登校時に緊張が強い場合，登校時間をずらしたり，登校する場所を教室から保健室，相談室，会議室（別室）など，児童生徒が安心できる場所に移すことが考えられる。

　この際，大事なことは，登校する場所や時間を教師が決めてしまわず，子どもとよく話し合うことである。決して欲張ってはいけない。教師が欲張ってしまう例は，「別室まで来ることができたから，登校しているときに仲がよ

かった友だちに少し話をしてもらおう」などと先走ることである。別室に登校していることを秘密にしてほしいと言う児童や生徒もいる。親しい友だちから登校の事実を聞かれた教師が，思わずうなずいてしまい，また登校が難しくなった例もある。教師の側に期待があると，「このくらいできているのだから，もう少しできそうだ」と，つい思ってしまうが，欲張らないことが鉄則である。

　では，別室にいて，徐々に人間関係を広げていくには，適切なタイミングがあるのだろうか。1つは本人がその希望を言い出したときである。できたら本人からの希望が出るまで待つのがよい。しかし，本人からの希望を待っていると，学期末や学年末にさしかかってしまうこともある。せっかく別室への登校が順調に進んでいたのに，三学期が終了し，クラス替えが行われるということもある。その場合，教師から提案をすることになる。そのときはぜひ子どもの表情を細かく観察してほしい。例えば，教師が学級の友だちの話を持ち出して，その話に乗ってきたり，表情が晴れやかになった場合は，友だちと会うことを提案してもよいかと思われる。ただし，友だちと会うことを提案しても子どもが断れば，それ以上，無理をしてはいけない。少しずつ，子どものペースでゴールを設定し，「できたら認める」援助が必要である。別室で友だちに会うことができたら，次のステップとして教室に行かせてみる。この段階も，まずは子どもにどの授業が入りやすいか聞いてみるとよい。朝から入るという子どももいれば，教室移動を伴う音楽や体育の見学がよいという子ども，算数や数学など一斉授業スタイルをとる教科から入りたいという子どももいる。さらに，帰りの会なら入れるという子どももいる。子どもの立てたスケジュールに沿って，「できたら認める」という援助方法がよいであろう。

(2) 発達障がいの可能性

　発達障がいの有無も不登校の支援を大きく左右する。発達障がいの有無は医師の診断が必要であるので、教師やスクールカウンセラー、教育支援（サポート）センターが診断を下すことはできない。しかし、診断ではなくアセスメント（査定）によって支援の方向性を見いだすことはできる。

　不登校の子どもがいる場合、自閉症スペクトラム障がい、学習障がい、ADHD（注意欠陥／多動性障がい）などの可能性の有無を念頭に置く。本書は発達障がいの見立てをテーマにした専門書ではないので、これらについては、例えば、黒澤（2007）など教師にも使いやすいガイドブックがあるので、そちらに譲る。ここでは、不登校の子どもの援助ニーズに気づくためのポイントを列挙したい。

　まず、学習面の苦戦の状況である。国語の学習でつまずいていないかを注意深く観察したい。漢字が書けない、文の区切りがわからないなどの状況があると、これがストレッサーとなり登校が難しくなっている可能性がある。また、算数・数学の学習も注意が必要だ。計算がひどく苦手だなどの状況はないだろうか。学習面の苦戦は、学習障がいを疑う。こうした状況があると学習場面が苦痛となる。しかし、保護者や教師に発達障がいへの理解がないと、さぼりだと叱る。これでますます登校が難しくなる。

　一方、自閉症スペクトラム障がいを抱えている子どもは集団場面が苦手である。マイペースで1つのことに集中するといった特徴がある。また、言動などを見聞きしていると他者の気持ちがわからない子どもとしてとらえられやすい。加えて、聴覚が過敏で子どもの集団場面の話し声が苦手だったりすると、月曜日の朝礼（集会）、音楽会、遠足、運動会などの場面を回避することになる。多くの教師は「行事には全員で取り組みたい」と思っている。自閉症スペクトラム障がいの子どもは、学校文化とのマッチングがよくないのである。したがって、教師や多くの子どもたちやその保護者から、自閉症スペクトラム障がいの子どもは「マイペースでわがまま」と映る。「集団でやっていける力をつけないといけない」「マイペースでわがままな点を直さないと困る」ということから強

い指導をする教師がいるが，自分の努力ではどうにもならない点が多く，子どもの自尊感情を低下させ，登校しないということになる。

ADHDも集中力にムラがあり（上野，2003），これが教師の指示により集中することが暗黙の了解である学校文化では具合が悪い。集中力にムラがあるので，教師には「やればできるじゃないか，落ち着かないのはさぼりだ，わがままだ」と映ってしまう。また，発達障がい，特にADHDの子どもの中には情緒のコントロールが苦手な子どももいる。自分がなぜ叱られているのかがわからない場合も多く，暴力に訴えたり，パニックになったりする。これがまた「わがまま」で「しつけができない」と教師には映る。教師からのネガティブな評価は子どもの登校意欲を低下させる。

(3) いじめの可能性

いじめ被害をきっかけに不登校に陥ることもある。当然ながら，教室や部活動でのいじめは登校意欲を低下させる。不登校の徴候が見られた場合はまず，いじめがなかったかどうかについて詳細に検討する必要がある。しかし，いじめの被害を受けた子どもが必ずしも教師に相談するわけではないとする指摘もある（Shute, 2011）。「いじめの被害を受けたから相談しましょう」というかけ声は筆者の立場から言えばあまり役に立たない。むしろ，表情，服装の汚れ，ものがなくなったこと，プリントや提出物，教科書の汚れなどから，いじめを予測することが教師には求められる。また，いじめの被害児童生徒は，保健室に行き，けがを訴えていることもある。養護教諭との日常的かつ具体的な情報交換が必要である。いじめが認められた場合は，加害児童生徒を特定する。次に，加害児童生徒から事情を丁寧に聞き，明らかないじめが認められれば，謝罪の場を設けるなどの対応が必要となる。

(4) 精神・身体的疾患の可能性

昨今，小学校高学年くらいから精神疾患などの病気のため登校できない子どもも増えている。うつ病やパニック障がい，不安障がいといった病気が背後に隠れている可能性がある。また，起立性調節障がいも考

えられる。起立性調節障がいは自律神経系の機能不全で，小中学生の5〜10％いると推定されている（田中, 2009）。そのため不登校の子どもが起立性調節障がいである可能性もある。子どもに何らかの疾患の疑いがある場合は，養護教諭や校医，教育支援（サポート）センターなどの諸機関との連携が重要になる。

(5) 虐待の可能性

家庭訪問をしても本人や保護者と会えないといった状況が長く続くと，虐待の可能性も出てくる。表面的には不登校であるが，連絡がとれない場合は，虐待の線から教育委員会，児童相談所（子ども家庭センター）などと連携をとりながら援助することも必要である。こうした場合は，登校にこだわらず，本人と会えること，保護者と面会できることに援助目標を置いたほうがよい。教師が登校にこだわっていないことが保護者や本人に間接的に伝わることで，家族の緊張が解け，面会が可能になったというケースもある。

3. チームで支援が必要な不登校の典型事例

では，個別対応が難しく，チームで支援が必要な不登校はどのような形で教師の前に現れるのだろうか。F君の事例を見てみよう。

・事 例・
不登校のF君（中学1年生）

中学1年生のF君は一学期のゴールデンウィーク明けから，1カ月ほど登校できない状態が続いている。当初は，母親からの病欠の連絡により学校を欠席していた。欠席が2週間を超えたことで担任も異変に気づき，家庭訪問をしている。このときに担任はF君に会いたいと保護者に申し出たが，保護者は「体調が悪く先生に会える状態ではありません」と言う。半月ほど欠席が続いたころから保護者の毎朝の連絡もなくなった。担任は，F君の自宅，緊急連絡先に指定されて

いる母親の携帯電話にも何度か電話をするが，なかなかつながらない。また，コールバックもない。そこで担任は，夜7時ごろにF君の家に行き，呼び鈴を押すのだが出てこない。玄関から見る限り在宅しているような雰囲気だ。しかたがなく，F君と母親あてに手紙を置き，家を後にした。数日後，この担任は校長から呼び出しを受けた。校長から驚くべき言葉を聞いた。「F君の保護者が教育委員会に相談に行っている。その理由は，F君の担任がいじめを隠蔽していたため子どもが不登校になったからである」というものであった。校長は担任に説明を求め，一人で行動したことに対して反省するように言った。担任は自分のやり方に落ち度はないと思っていたが，なぜF君と保護者は自分に相談してくれなかったのか，なぜ教育委員会に相談したのか，F君はどのようないじめ被害にあっていたのか，疑問と徒労感にさいなまれている。

　生徒が不登校になり，その保護者から拒絶的な反応を示されるというケースである。状況を把握していなかった担任は，突然の展開に衝撃を受けている。
　では，F君の保護者は一連の事態をどうとらえていたのだろうか。

　保護者は，ゴールデンウィークまで調子よく通学していたF君が，突然，連休明けに登校をしぶるようになったことについて心配していた。体調も悪かったため，毎朝，中学校に連絡した。連絡して担任の先生につながったときは相談しようと思っていた。しかし，朝の学校はバタバタしており，とりつく島もない。一度だけ担任に直接，欠席理由を言ったが，担任は非常に急いでいる様子であったため，それ以上話を進められなかった。2週間待ったが，担任は家庭訪問にも来てくれず，学校に見捨てられたと思った。そのころ，息子が，小学6年生のころから，友人だと思っていたGにゲームのソフトを取られ，返してもらっていなかったこと，中学校でもGと同じ学級，同じ部活動となり，部活動の帰りに，1年生の仕事を押しつけられたこと，家の方向は逆なのに荷物を運ぶように命令され，4月中旬から毎日のように荷物を持っていかされたことを涙ながらに告白した。F君は一度担任の先生に相談しようと職員室に行ったが，「今は忙しいか

ら後で来るように」と言われたと言っている。そんな担任に家庭訪問されても信頼できない。

　さて，このような事例の場合，どのように考えることが問題解決に結びつくだろうか。もちろん，F君が職員室に相談に行ったときに対応していればこんなことにはならなかった，部活動の顧問や担任が日頃からF君を観察していればこんなことにはならなかったのかもしれない。しかし現実として，教師は年々多忙になっており，「一人ひとり注意して見る」というスローガンは問題解決に結びつかない。

　筆者は，このようなケースを解決するにはチームで支援することが不可欠であると感じている。今回の事例でいえば，①F君が小学校時代から友人Gにゲームソフトを盗まれるなどの被害にあっていた事実を担任はどれほど知り得ていたのか，②部活動の帰りでのいじめ被害については顧問などの観察による情報，目撃情報などはなかったのか，③不登校に陥った子どもについて定期的に観察していく委員会などがなかったのかが，初期対応を左右したと考えられる。

　また，不登校の保護者が教育委員会に相談したことも問題解決のきっかけとなる。担任教師にはこの現実は少し辛いが，これを機に教育委員会と担任を含めた担当者で話し合いが行われることが望ましい。担任の不登校の対応の仕方が間違っていたわけではない。むしろ，担任がまたF君の援助ができるようにチームで支えることで，担任が持っている援助力が活用される可能性がある。担任が持っている援助力とは，家庭訪問を熱心にしたこと，保護者の携帯電話に連絡を入れたことなどである。もちろんこの事例の担任は，一連の不登校対応に一人で取り組んでおり，周りに相談しなかったということに課題が残る。早めに相談していればよかったのかもしれない。とはいえ，小学校からの引き継ぎがうまくいかなかったこともあり，この担任だけを責められない。もし，小学校時代にいじめ被害があったことを知っていれば，職員室に相談に来たときにもう少し丁寧な対応ができたかもしれない。中学1年生は中1ギャップといわれ，小学校とのシステムの差に戸惑うことが多い。そのため，

第5章　不登校の児童生徒をチームで援助する

ゴールデンウィーク前に教育相談週間として相談に乗ることや，自由記述式のアンケートを実施することで，子どもの援助ニーズを素早くキャッチできた可能性もある。Q-U（p.91，コラム6参照）などの学級アセスメントも，援助ニーズを早く察知するのに役立つだろう。

4. カウンセリングを求めない不登校の子どもとのつながり方

　さて，事例のように不登校の子どもや保護者の多くは自ら進んで相談に来ない。そのため，不登校の子どもの支援は，待ちの姿勢では機能しない。登校しない子どもがいたら，担任，教育相談担当教員，生徒指導主事教員やスクールカウンセラーは，子どもや保護者とつながる取り組みをすることが大事である。では，相談しない，相談することに抵抗がある子どもや保護者とどのようにつながるのか，不登校支援場面での対応を3つ列挙する。

（1）人がつながる

　心理学を専攻する大学生などは，例えば，援助的家庭教師とかメンタルフレンドのような形で教育委員会から学校に派遣され，不登校児童生徒の支援を担当することがある。こうした学生ボランティアが，相談しない／相談することに抵抗がある不登校の子どもや保護者とつながることがある。なぜ，つながれるのだろうか。それは，学校関係者でないからである。利害関係がないことで，子どもや保護者の緊張感が和らげられる。さらに，学生は子どもと年齢が近いので話題が合う。アニメのことをよく知っている，ゲームを一緒にできるということもある。これが対人緊張を下げ，よりつながりやすくするのである。

　では，年齢の高いベテラン教師には不登校支援はできないのであろうか。そんなことはない。年齢が高い教師でも，子どもとつながるのがうまい教師がいる。教師の中で不登校支援がうまい教師は，必ずしも授業の力があったり生徒指導の力のある教師ではない場合がある。つまり，"教師らしくない教師"である。筆者は学校を支援する立場であるので，

教育委員会関係者と話をする機会がある。筆者が「力がある」と思う教師と教育委員会が「力がある」と思う教師がずれていることがある。筆者は，教師らしくないことも不登校支援にとって大事であると考える。筆者が「いろいろな教師がいてもよい」と考えているのはこのような点からである。

(2) 趣味・興味でつながる

人を介してつながることが難しい場合，子どもの趣味・興味に合わせる方法がある。趣味・興味でつながるということである。現在の子どもの趣味や興味は非常に多様である。筆者の子ども時代，アイドル歌手の姿はテレビで放映されており，誰もが知っていた。男子はほとんどがプロ野球ファンであった。しかし，今の子どもたちは違う。アイドルもテレビによく出てくる歌手やグループだけではない。ゲームの音楽が専門の人やインターネットで人気を博している人もいる。男子が好きなスポーツも，日本の野球，米国の大リーグ，サッカーのJリーグから欧州リーグ，南米リーグとさまざまな分野がある。インターネットの書き込みや動画サイトを通じて多様な情報が手に入る時代である。ゲームも，パソコンのインターネット経由のものから，テレビにつないで見るゲーム機，単体で行うゲーム機，スマートフォンでできるゲームなどさまざまなものがある。一方で，小学校高学年から中学生にかけて，アナログ的なカードゲームの人気も衰えてはいない。また，女子が好きなアニメも，深夜枠で放送されているものが話題になったりしている。ケーブルテレビでアニメを見ている子どもも少なくない。

このような多様な子どもの趣味・興味のチャンネルにいかに合わせるかが，子どもとつながるポイントである。筆者は子どもに聞いたアイドルグループ，アニメ，ゲームなどは必ずインターネットで確認している。動画ナイトで動画を見ることもある。これも子どもにチャンネルを合わせる大切なカウンセリング活動の一環であると思っている。

(3) 保護者とつながる

もし，学校にいる教師，スクールカウンセラーなどのスタッフが子ど

もとつながれない場合は，保護者とつながる方法が考えられる。さて，当該の子どもの保護者はどのような保護者なのであろうか。子どもが不登校になって困っていることはないだろうか。まず，「困りごと」「心配ごと」を支援するというスタンスで保護者とつながることがポイントである。子どもが登校しないという事実は，多くの保護者にとってはストレスフルな状況である。「大きな子どもがまるで幼稚園入園前のように自宅にいるだけで，いろいろ気になります」と涙ながらに語る保護者もいる。困りごとには，「勉強が遅れるのが心配だ」とか「学校の予定を細かく教えてほしい」といったものもある。学習面の援助は本人が登校できなくともプリントを介して行うこともできる。また，授業のプリントを持参するだけでもよい。小テストと回答を持っていってもよい。保護者から「専門的な機関に相談したい」と質問を投げかけられることもある。そうなれば，教育支援（サポート）センターや病院などと連携しながら支援できる可能性が増える。

5．不登校支援におけるチーム援助の課題

　では，不登校支援におけるチーム援助の課題は何だろうか。この点については第4章でも触れたが，チーム援助の成否を規定する要因として，個人の要因と職場環境（システム）の要因の2つに分類できる。個人の要因については，被援助志向性の低さであろう。不登校の子どもの援助について相談するという行為そのものが，教師自身の自尊感情を傷つける可能性がある。横田（2011）は不登校支援にかかわる担任は，「不登校の子どもの担任は私である。だから，私が責任をもってかかわるべきである。不登校の子どものことは，私がすべて知っていなければならない。担任の私を差し置いて，他の教師がかかわるべきではない。別の人が援助する（かかわる）場合には，その人にまかせておけばよい」というイラショナルビリーフ（不合理な信念）を持ちやすいとしている。では，このイラショナルビリーフについてどう対処したらよいのだろうか。担任の場合，不登校の支援を援助チーム会議で議論することに抵抗があ

コラム 4 イラショナルビリーフ

イラショナルビリーフ（不合理な信念）は，論理療法というカウンセリングの理論の鍵概念である。論理療法では，腹が立ったり，落ち込んだりする否定的な感情には，私たちのビリーフが影響していると考える（Walen et al., 1992）。例えば，援助チーム会議で不登校児童のことを発表することに強い抵抗を感じ，いら立っている教師であれば，「援助チーム会議で不登校児童のことを発表するのは，私が担任として役に立たないということを露呈することになる」というビリーフが存在している可能性がある。また，横田（2011）が指摘するとおり，「担任に自分の担当する子どものことをすべて知っていなければならない」とか「担任が子どもの指導をすべて担当すべきである」というビリーフがあるのかもしれない。イラショナルビリーフの原因の1つは，物事に対して「〜ねばならない」とかたくなに状況をとらえてしまうことである。

イラショナルビリーフはどのように変えていけばよいだろうか。論理療法は自己説得のカウンセリングと呼ばれているように，本人が「ねばならない主義」を変えていけるようにかかわる。一番簡単な例は，「担任が子どもの指導や援助をすべて担当すべきということではない」と，呪文を唱えるように数回，心の中で繰り返してみることである。「援助チーム会議に参加し，不登校児童のことを相談しても，私の担任としての指導力が疑われることはない」「援助チーム会議に参加し，不登校の子どもについてよい示唆が得られれば，自分の担任としての指導力が向上する」と考えてもよいかもしれない。加えて，「子どもを確実に助けられるように考えてみよう」と唱えることもできるかもしれない。河村（2000）は，教師のイラショナルビリーフが指導行動に関連していると指摘している。論理療法を学ぶことで教師の指導行動も改善できる可能性がある。

るだろう。自分は担任として独り立ちしているという自負もあるだろう。しかし，チームで支援することで，子どもが援助され，状態がよくなるかもしれないのである。チームで取り組むことに抵抗がある担任の場合は，視点を意識的に子どもに向けてみるとよい。学校としてできることはないのかと考えてみることが大事である。

　もし，読者が担任を支える立場であるなら，担任の責任感や使命感を認めながら，チームで取り組むことによって子どもがどのように変化するのかについて担任と一緒に考えてほしい。そして，不登校の子どもの援助について担任とゆっくりと時間をかけて議論してほしい。そうすることで，担任の視点が変わり，イラショナルビリーフが変化する可能性がある。

　登校の意志がない不登校児童生徒，あるいは援助者の援助に乗ってこない不登校児童生徒の場合は，チームで取り組むことにより，つながりができる可能性がある。昨今の経済状況の悪化から，福祉の支援や法律の知識が必要なこともある。その意味でも，教師，教育委員会の担当者，スクールカウンセラー，スクールソーシャルワーカー，福祉や行政の担当者と協力しながら不登校の子どもに対する援助について検討していく必要があるだろう。

リフレクション

1) 昨今の家庭を取り巻く状況の変化が不登校の子どもにどのような影響を及ぼしているのか，考えてみましょう。
2) 発達障がいについて調べ，発達障がいの子どもが学校でどのような援助を必要としているのか，考えてみましょう。
3) あなた自身が大学や職場になじめなかったときにどのような援助を受けたいか，考えてみましょう。

第6章 過度な要求をする保護者への対応

1. 現場で何が起こっているのか

　保護者対応が大変だという。学校現場や教育委員会から保護者対応について相談されることが増えている。また，現場への援助に入ると，「これは『モンスターペアレント』ですね」という言葉も聞く。しかし，保護者を「過度な要求をする保護者」「モンスターペアレント」と形容することで，問題解決への手がかりが見えなくなる。こうした形容詞は学校側と保護者の折り合いを悪くする。

　そもそも，保護者の過度な要求の背後に何があるのか。筆者はコミュニケーション不足からくる不安であると考えている。子どもの問題行動で悩んだり，子どもがいじめの被害にあったりしたときに，保護者は先の見えない大きな不安を覚える。教師にとっては「よくあること」であっても，保護者にとっては初めての経験である。筆者の経験でも，教師から「よくある子ども同士の人間関係のもめごとです」と言われたが，保護者のとらえ方が異なっていたというケースがある。教師から見れば「よくあるもめごと」であったが，保護者は「深刻な友だち関係のトラブル」「いじめ被害」ととらえていた。もちろん，教師は「お子さんのもめごとはよくあることですよ」とは保護者には言わない。しかし，この教師の受け止めはさまざまな場面で保護者に伝わる。「軽く扱われているように思える」「先生がお忙しいのはわかりますが，検討いただいていない」という保護者の本音が聞こえることがある。

　最初の対応を間違えると，「学校は聞いてくれない」「教師は信用でき

ない」という思いが保護者の中でできあがってくる。学校に対してこうした認識ができあがると，信頼が揺らぎ，「本当は何か隠しているのではないか」「うちの子だけ，きちんと見てくれていないのではないか」「うちの子どもや家族のことを軽く扱っているのではないか」という疑義が芽生えてくる。こうして保護者の小さな不満は積み重なっていく。教師や学校に対する保護者の不満は，過去にさかのぼることもある。小学校高学年のときの不満が積み重なり，中学校の担任に対して必要以上に怒りをぶつけてくるということもある。

　読者には誤解をしてほしくないのだが，筆者は要求の多い保護者に問題があるとか，それを生み出す学校側に問題があると言っているのではない。学校側の少しの努力で保護者との誤解を解き，保護者と協力しながら子どもを援助できる方法を模索したいと筆者は考えている。残念なことに唯一絶対の方法はない。しかし，本書のテーマである「チーム」で取り組んでいけば，互いの強みを活かしながら，結果的に子どものために質の高い援助を提供できるのではないかと感じている。

2. 保護者とのトラブルにチームで取り組んだ実践事例

　では，保護者と学校側に誤解が生まれたとき，どのようにチームを組めば，解決へと進むのだろうか。典型例を示しそのポイントを解説したい。

・事　例・
問題行動を示すH君（小学5年生）の母親の要求

　H君は授業中に立ち歩き，注意されるとパニックを起こす。授業に飽きてくると教室の後ろで寝たり，授業と関係ない本を読んだり，パズルをしたりしている。このような問題行動はH君が小学3年生のときから目立ちはじめ，その時々に担任から保護者に連絡し相談するも，保護者は「勉強が少々できなくても，元気な子どもに育ってほしい」と言うばかりである。

5年生が始まり，2カ月が経過すると，前述のような問題行動が頻発したが，担任が母親に相談しても，母親は「男の子は元気が一番」と言い，真剣に聞いてもらっていないように担任の目には映った。H君の問題行動を説明しても，「去年の担任の先生はこんなことはなかった。先生の指導方法が間違っているのではないでしょうか」と言われた。そこで，担任は特別支援教育コーディネーターに相談し，何度か授業を見てもらった。すると，「学習面の苦戦が問題行動に影響している可能性がありそうだ。特に，読む力の不足が影響しているのかもしれない。私が算数の応用問題の問題文の意味を説明したら理解できたし，落ち着いて勉強している場面もある」と言う。H君の学習面の苦戦の状況を把握するにはWISC（ウエックスラー式の知能検査）を受けてもらうことが一番確実だという特別支援教育コーディネーターの判断のもと，母親に来校してもらい，このことをお願いしてみることにした。

　6月の中旬，母親に来校してもらい，学校の特別支援教育コーディネーターと担任とで面談した。特別支援教育コーディネーターから「お子さんのために，教育支援センターで検査を受けてほしい」と丁寧に申し入れた。しかし，「検査」という言葉に母親はこちらもびっくりするくらいにこだわった。「検査って，うちの子どもは何か障がいがあるのでしょうか」「悪いのはうちの子どもなのですか」とたたみかけてきた。母親は，「昨年はまったく問題がなかった。教師の指導方法に問題がある。担任を変えてほしい」とその場で訴えた。担任に，H君は数年前から問題行動が認められたことなどを母親の気持ちに配慮しながら説明したが，伝わっている様子はない。それどころか，「家ではよい子なのです」「地域の行事では大人からよく褒められるのです」とH君のよいところを一方的に話した。特別支援教育コーディネーターも担任もじっと耳を傾けるが，母親は話せば話すほどヒートアップする様子であった。次の日，母親が来校して校長との面談を希望した。母親は「担任の指導がなっていない。指導ができていないのに，うちの子どもが悪いと言っている。すぐに担任を交代させるように教育委員会に訴える」と強い口調でまくし立てた。校長が何とかなだめ，「担任を交えて話し合いをしませんか。今は授業で，あと15分ほどで職員室に戻りますから少しだけお待ちください」と提案するが，「担任なんて待っていられません。用事があるから帰ります」とそそくさと帰宅した。校長と今後どうするかを話し合うことになっており，担任として何ができるのか考えたいのだが，母親の怒鳴り声がまだ耳に残っており，気持ちをそこまで持っていけるのか不安だと，

担任は感じている。

——その後の展開——

　数日後，H君の母親が教育委員会に出向き，指導課の指導主事が面談した。母親が出向いた次の日，教育委員会指導主事の担当者が来校した。校長，教頭，担任，特別支援教育コーディネーター，昨年度の担任，生徒指導主事を交えて援助チーム会議を持った。この学校は何でも話し合える雰囲気があり，また，校長と担任の関係も良好であった。援助チーム会議は担任の苦労に共感的な雰囲気で進んでいった。教育委員会の指導主事は母親には被害感があること，学校側の教師，特に担任を感情的に許せない状況のようだと報告した。

　今後，誰が母親と対応していくのかを議論した。母親は教育委員会にまた来たいと言い，今週の金曜日の午後に予約をとっている。ここで校長が，「できたらこの問題は学校で対処したい」という希望を申し出たが，教育委員会に相談に来ているということ，また学校以外の第三者が支援に加わる必要性もあることから，指導主事がしばらく母親の対応をすることとなった。次回の援助チーム会議の日程を決めて，この日の会議は終了した。

　援助チーム会議の数日後に母親が教育委員会に面談に来た。母親は前回の面談では一定の理解を示したものの，今回もH君の話をすると怒りが抑えられないような状況だ。そこで指導主事はH君の話をしながらも，「家でH君の子育てをするうえでお母さん自身が困っていることはないでしょうか」と母親の困り感を尋ねると，「反抗期で困っている。学校のストレスを私にぶつけるのです」と言う。指導主事は学校のことが子どものストレスになっているところに共感しながらも，「一度，教育支援センターに相談してもらうという方法もありますし，ここで少し話を聞いてもよいです」と言った。母親は，教育支援センターに相談することに対しては特に反応せず，「行く，行かない」の発言はなかった。指導主事との面談が終わり，立ち上がって会議室の外に案内されているときに，母親は「私に反抗的なのはやはり学校でのストレスのせいだと思います。先生，なんとかしてください」と指導主事に懇願するような表情で訴えてきた。それまでのクレーム一辺倒の厳しい表情とは違っていた。その変化を見逃さなかった指導主事は，「次回の面談でH君が学校でのストレスを減らせる方策を考えましょう。学校の協力も仰げるように考えます」と言い，また次の週の面談の約束をした。

そして，週が明けた火曜日の夕方，教育委員会の指導主事は小学校に出向き，校長，教頭，担任，特別支援教育コーディネーター，昨年度の担任，生徒指導主事と再び話し合いをした。今回から，校区の中学校に週1回配置されているスクールカウンセラーも同席した。担任は，ここ数日のH君の授業中の問題行動は，担任の実感として減ってきていることを報告した。クラス対抗ドッジボール大会があり，その練習のため，体育の授業や休み時間は級友とドッジボールをしている。H君はドッジボールが得意で，級友もH君を頼りにしていることもあり，以前のように教室で荒れることはないという。また数日前，授業中に教室の後ろで寝転がっていたことがあったが，担任が注意せずに放っておくと，H君は自分の席に戻っていった。そこでスクールカウンセラーが，「H君にとって，担任の先生から注意されるということがうれしくて，その行動をしていたのかもしれません。今，逆に注意されなくなり，その行動をする意味がなくなったのかもしれません」と，担任の対応の仕方に意味づけをした。スクールカウンセラーのアドバイスもあり，担任は必要以上にH君の問題行動に過敏に反応したり，注意しないこと，叱るときはH君を責めるのではなく，問題行動に焦点を当てて叱ること，H君の好きなことに学級で取り組む機会を増やすことを提案し，援助チーム会議の参加者も同意した。
　1週間後の援助チーム会議で教師たちのH君に対するかかわりを振り返った。H君の状態が改善しており，それはドッジボールによってH君自身が認められたことも大きいのではないかということになった。また，母親の態度が少し軟化していることも印象として指導主事から伝えられ，いずれ小学校のほうに引き継ぎたいということになり，スクールカウンセラー，昨年度の担任が話を聞いてもよいということとなった。この週の金曜日に指導主事は母親と面談した。まだ小学校への怒りはあるものの，指導主事からH君のストレスを減らすために，昨年度の担任かスクールカウンセラーに会うことを提案され，母親は昨年度の担任に会うことになった。母親から，最近H君の家での反抗が収まってきて少しよい状態であること，学校で得意なドッジボールができていることなどがうれしそうに話された。3回にわたり，昨年度の担任が学校で母親の話を聞いた。
　現在，母親とH君は落ち着いてはいるが，学校側はやはり教育支援センターにつなぎ，WISCなどの検査を経てH君の個別支援計画を作成したいと考えている。そのため，母親との人間関係を再度構築してから，再びH君の状態を説明し，教育支援センターにつなごうと思っている。

発達障がいを疑う事例の場合，保護者に子どもをアセスメントすることをどのように受け入れてもらうか，教育支援（サポート）センターでの検査（アセスメント）や医療機関での診断にどうつなぐか，現場の教師は苦慮している。この事例の場合，担任・特別支援教育コーディネーターと母親の面談で相互理解が難しくなり，その後，母親は校長，教育委員会にクレームを言いに行っている。クレームの内容は「担任を変えてくれ」というものである。しかし，教育委員会の指導主事が母親を受け止め，またチームで情報を共有しながら，援助案を考えている。これは第4章でも触れた，職場の協働的雰囲気がこの学校にあったということである。教師一人ひとりが大切にされており，みんなで腹を割って話し合う，多様な意見を受け入れるということが大事なのである。

　また，チームで援助を行い，担任の適切な対応もあり，H君に対するかかわりを変えることで結果的にH君の問題行動が出にくくなっている。事例の中では目立たないが，やはり担任の日々の学級経営でのかかわりが鍵となっている。H君の得意なドッジボールを導入しH君が友人から認められたこと，そしてH君を注意せず放っておいたことなどである。さらに，スクールカウンセラーが担任の指導に上手に意味づけしたことも大きい。これにより，担任は自分がしている指導行動の意味を感じられ，H君に対する，「問題行動に過敏に反応しない，H君の好きなことに学級で取り組む機会を増やす」という具体案につながった。

　スクールカウンセラーやスクールソーシャルワーカーは，子どもの行動面に関する専門的な知識を有する。筆者もこうした専門家のコンサルテーションに同席することがあるが，質の高いコンサルテーションをする人は担任や他の教師の上手な指導をうまく引き出し，それに意味づけをし，どちらかといえば教師が一人で援助案を作れるようにかかわる。大事なのは専門家がアドバイスをすることではなく，スクールカウンセラーと教師が協力し合いながら一緒に援助案を考えることである。

　次のポイントは教育委員会の指導主事である。指導主事が管理職や担任を責めずに母親を支えながらカウンセラー的役割，コーディネーター的役割を担ったことも大きい。特に，面談の後，立ち話で母親とH君のストレスを減らそうと提案するタイミングを逃さなかったことがポイ

ントである。指導主事は母親の学校に対する不満を受容しながらも，H君が家庭でストレスをぶつけてくるので苦労しているという母親の困り感に焦点を絞り，H君の援助を話の中心に置いていった。

校長は，最初の援助チーム会議で「この保護者の対応を学校で担当します」と提案したが，指導主事との話し合いにより，しばらく指導主事に保護者と面談してもらうことにした。保護者との関係がこじれたとき，学校内部の教職員が対応するだけではうまくいかないことがある。保護者は，学校を統括する教育委員会だから訴えたのである。昨今，いじめ問題の深刻化を受けて，市町村単位でも相談窓口を教育行政から独立したところに設置する動きがあるが（共同通信大阪社会部，2013），こうしたことも問題解決の知恵の1つである。

しかし，この事例にも課題がある。その課題とは，検査を含めたH君の専門的なアセスメントがすんでいないことである。検査や情報の聞き取り，そして担任や保護者の意見も総合し，それに見合った対応を話し合っていく必要がある。その意味では，この事例はまだ入り口にあるに過ぎないのである。もちろん，特別支援教育では必ずしもアセスメントや診断がなくても，校内委員会を開き，個別支援計画を策定できる。しかしH君の場合は，学習のつまずきが問題行動の遠因になっている可能性が否めない。適切な学習支援ができるように，専門的なアセスメントを受けたほうがよい。したがって，この小学校の教職員は，H君が落ち着いた，保護者との関係がよくなったということに安心して援助チーム会議を終わらせてはいけない。アセスメントが無理であれば，さまざまな学習指導や支援，問題行動への対応の経験を積み上げ，援助案を考えて実行しながらH君に対する援助の質を高めていく必要がある。

3. 保護者との折り合いをよくするために教師は何ができるのか

保護者とのトラブルを未然に防ぐことはできないのだろうか。筆者はできると考える。本書で提案しているチーム援助は有効な方法である。筆者は関西地区で，幼稚園，保育所，小学校，中学校，教育委員会関係

者による年10回の援助チーム会議に8年ほど参加している。ここでは援助ニーズの大きい子どものケースについて，その援助案を校種を越えて話し合っている。幼稚園，保育所関係者からは保護者の情報が寄せられることが多い。幼稚園や保育所で，保護者が入園当初から他の保護者と打ち解けられないということもよく起こる。保護者には「保護者デビューの失敗」ということがあるようだ。保護者自身が保護者のネットワークに加われないと，幼稚園や保育所，小学校では孤独感を味わうことになる。こんなとき，保育者や教師が何気ない一言をかけ，保護者のネットワークを紹介することもある。こうしたさりげない援助が提供できれば，孤立する保護者も少なくなる。

　しかし，現実はそう簡単ではない。個人的な事情や仕事・家庭の状況のため，あえて対人ネットワークから距離を置いている保護者もいる。現実場面では「周囲の保護者さんと仲よくしてください」とは言えないのである。しかし，孤立している保護者の中に，対人関係を維持する能力が著しく低いために保護者のネットワークから孤立している保護者がいることもまた事実である。教師は保護者の対人関係の持ち方について指導・助言する立場にはない。しかし，子どもを援助するために，保護者を支えることはできる。保護者の養育能力が低下している場合は，その能力を取り戻せるように，あるいは今の危機的な状況をやり過ごせるように援助する。育児の不安から抑うつ症状に陥っていた保護者を，保健師や医療機関につないだという例もある。

　また小学校低学年においては，過度な心配から毎日のように学校に連絡する保護者の存在も報告される。この場合もチームで対応し，さまざまな年齢層の教師がかかわることで状況が改善することがある。田村（2009）のように保護者を援助チームの一員として迎え，援助のパートナーとして情報を共有し協働できることが理想である。そこまで至らなくとも，保護者の承諾を得て，保護者からの情報をチームで共有することもできる。保護者が教師とともに子どもを援助するパートナーとなるようにするのにはどうしたらよいか，田村（2009）を参考に実践を積み上げる必要があろう。

　もちろん，小野田（2009）も指摘するように，保護者がネットワーク

から孤立していることも，保護者が無理難題を要求する背景として存在することがあるようだ。その意味でいえば，チームでかかわるという本書の提案自体が，孤立化する教師と保護者の両者を適度な距離感でつなぐものであるといえる。教師も保護者も孤立することが，結局は子どもに対する援助サービスの低下という事態を招くおそれがあるということに，子どもの援助者である教師と保護者は気づくべきである。

コラム5　人的リソース

保護者との関係がこじれた場合に役立つ人的リソースがある。学外の人的リソースであるため，学校のことを詳細まで知らない場合が多い。しかし学校の外にいる外部の人材だからこそ，保護者との関係を調整できるのもまた事実である。それが強みとなる。

■**スクールカウンセラー**

　臨床心理士，学校心理士，精神科医などの高度に専門的な知識・経験を有する者が配置されている。スクールカウンセラーは週1回，月3回，6時間程度の勤務が一般的である。

■**教育支援（サポート）センター**

　各種教育研修，不登校やいじめに関する相談，発達障がいが疑われる子どもの支援などを行っている。また，学校に行くことができない子どもが通う適応指導教室が併設されているケースもある。相談窓口ではカウンセリングの専門家が相談に乗ってくれる。教師が相談することができるセンターもあるので，調べてみるとよいだろう。

■**市町村の教育委員会**

　指導課などの窓口があり，学校の生徒指導に関する事務や研修を司る部署である。学校に対する緊急的な支援や保護者の対応をしている部署もある。

■**スクールソーシャルワーカー**

　生活の問題が背後にあり，保護者がさまざまに苦戦し

> ている場合,福祉の立場からアドバイスをしてくれる。市町村の教育支援(サポート)センターなどに配置されていることが多い。

リフレクション

1) あなたが住んでいる市町村で保護者が相談できる公的相談窓口を調べてみましょう。
2) 保護者が相談しやすい学校とはどのような学校でしょうか。教師やカウンセラーのかかわりを考えてみましょう。
3) 今の保護者は子育てをするうえでどのような悩みや不安を抱えていると思いますか。インターネットで調べてみましょう。

第 7 章

学級崩壊にチームで取り組む

　「学級経営が心配です」「学級がうまくまとめられるかどうか」——教員採用試験に合格した学生たちが口々にする言葉だ。教員採用試験に合格し，教員として採用されても教師としてやっていけるかどうか，その第一関門が学級経営である。国立教育政策研究所生徒指導研究センター（2005）によると，1998年前後から小学校において授業中の私語，学習意欲の低下，教師への反抗から授業が成立しがたく，学級がうまく機能しない状況が一部で見られるとしている。もちろん中学校においても同様のことが確認でき，生徒の離席，徘徊など，学級から学年までもが崩壊するという状況が報告されている。横浜市が小学校を対象に2009年に調査したところによると，正常な学級活動ができない状態になった学級は1.6％（93学級）であった（横浜市教育委員会，2009）。

　この章ではまず，小学6年生の学級経営について，I先生の事例を示す。I先生の事例は学級が完全に崩壊したわけではない。しかし，この状況に対する対応を間違えば一気に崩壊してしまう可能性がある事例である。さらに，学級崩壊を予防し，学級経営に役立つ学級のアセスメントのツールとして近年多くの学校で導入されているQ-Uを紹介する。Q-Uを使いながら学級崩壊について考えていこう。

1. 学級崩壊寸前の小学6年生の学級の事例

　教師となって3年目の男性I先生は，5月末ごろから学級の状態がよくないことが気になっていた。6年生の学級は4学級で，学年初めにク

ラス替えをしている。I先生の学級には，学年でも有名な男子のJ君がいる。J君は番長的な存在である。男子はなかなかJ君に逆らうことができない。4年生のころからJ君の指導に教師たちは神経をとがらせてきた。J君は運動神経抜群であるが勉強は苦手で，授業に飽きてくると立ち歩いたり，ふらっと教室を出ていき，保健室や職員室に行って養護教諭や管理職の先生に相手をしてもらったりしていた。しかしJ君は女子には優しく，特に学級のKさんとLさんに言われると，しぶしぶであるが従っていた。KさんとLさんは勉強もでき，活発で優等生的存在である。考えてみれば，今までKさんとLさんが学級を引っ張ってくれていたから授業も落ち着いてできていたところがある。しかし，6月に入ってから様子が変わってきた。

　以下，I先生の報告を事例として挙げる。

▪ 事　例 ▪
小学6年生の担任I先生の報告

　6月末の相談——

　　今月初めから私の学級の様子が少しおかしいのです。数日前，Kさんが「J君，いすに座ったら」と言うと，J君は人が変わったように「うるさいんだよ，テメー，黙れ」とすごい剣幕でどなり返します。それを，女子のMさん，Nさんは半分笑いながら見ています。私は直感的にまずい雰囲気だと思いました。すぐにJ君に「いすに座りなさい」と注意しました。J君は一瞬，私をにらみましたが，しぶしぶと座り，この場はやり過ごせました。その日を境にまず変わったのは，学活などで「先生，早く終わろう」「めんどくさい」というような雰囲気が場をおおってきたことです。今まで学級で静かにしていた数名の子どもたちまでもが「先生やめよ～」と言い出したのには，私もビックリしました。

　　逆に，今まで発言権を持っていたKさんやLさんがあまり積極的に発言しないばかりか，MさんやNさんがJ君をあおり，その雰囲気にKさんやLさんが遠慮しているように見えます。また，まずいと思うのは，O君やP君がJ君の状態に乗っかっているように思えることです。J君やMさん，Nさんが反抗的な態度をとると，盛んに

「そーだ，そーだ」と言ったりしています。この状態を放置したり対応を間違えると，学級が崩壊する可能性が十分にあります。
　実は今度，7月中旬に学級対抗のスポーツ大会があります。ドッジボール，バスケットボール，バレーボールなどに学級で取り組むのですが，できれば，朝や昼休みに練習をしたいと思っております。けれども，学級がまとまらないとスポーツ大会どころではなくなってきます。
　さらに先日，専科の音楽の時間に指示が通らず，20分くらい授業が中断していると聞き，音楽室に行きました。音楽専科の先生は女性の先生ですが，厳しいところもあり，今までこの学校で音楽の授業が成り立たないということは聞いたことがありません。音楽室に行ってみると，何かみんな「やりたくない」という雰囲気なのです。私は「この子どもたちは音楽の授業を軽く見ている。いや，馬鹿にしている」と思い，今までにない強い気持ちで学級全体を叱りました。しかし，子どもたちは妙にしらけていました。その雰囲気は今でも続き，以前なら無邪気に寄ってきてくれた子どもたちとも疎遠になったような気がします。授業で子どもの発言を促してもみんな黙っているか私語しているかで，授業がどんどん一方通行になっていくような気がします。私自身も授業をやっていて手応えがないのです。どうしたらよいでしょうか。

　Ⅰ先生は教師3年目で初めての6年生担任である。もともとスポーツ好きで，大学ではサッカー部に所属しており，リーグ戦への出場経験もある。子どもたちには人気の教師だ。学級経営においても，授業規律には厳しく，4月の学級開き以来，発表の際の意見の言い方や他の児童の意見の聞き方に特に焦点を当てて指導してきた。
　そのため，学年で有名であったJ君を受け持つと決まったときから，J君をどのように指導していくのかについて考えてきた。J君は4年生のころから，授業中に立ち歩いたり，教室から出ていったりすることが目立ちはじめ，校長や養護教諭が個別的な支援を提供することで対応できていた。しかし，J君はこのころから男子を中心に絶大な人気を誇っていた。運動神経抜群なので，学級対抗の球技大会，運動会などでは人が変わったようにリーダーシップをとり，また，運動ができない子ども

に対しても優しいところがあり，それも慕われている理由である。

　当然，授業中の落ち着きのなさ，勉強への苦手意識などはJ君に発達の課題があることを意味する。しかし，特別支援教育コーディネーターは，母親としっかりと信頼関係を築けないと，安易に「検査に行ってください」とは言えない。J君には高校3年生，中学3年生の2人の兄がいて，家では商売を営んでおり，両親ともに忙しくしているため，なかなか保護者との連携もとれない。

　J君は6年生の初め，ゴールデンウィークあたりまでは，授業中に立ち歩く回数も少なく，指導にも素直に従う面があった。しかし，ゴールデンウィーク後から，落ち着きがなくなりはじめ，それを担任が叱ると反抗するという悪循環となった。担任も，今まで築きあげてきた授業規律を保つスタイル，発表を中心とする授業が難しくなってきた。

2. Q-Uのプロットから見る学級の状態

　しかし，どのような手立てが効果的であるかは，担任教師一人で判断すべきではない。データに基づいて次の一手を考えるべきである。河村茂雄が開発したQ-Uは，子どもを対象に調査することで学級の状態を知ることができるアセスメントツールである。

　7月初めに，この学級では河村により作成されたhyper-QU（『よりよい学校生活と友達づくりのためのアンケート』図書文化社）を行った。

　hyper-QUは以下の3つのアンケートから構成されている。

　1)「いごこちのよいクラスにするためのアンケート（学級満足度尺度）」

　　級友からの承認感を測定する尺度，被侵害行為の認知を測定するための尺度

　2)「やる気のあるクラスをつくるためのアンケート（学校生活意欲尺度）」

　　学習，友人，学級など，スクールモラール（学校に対する意欲）を測定するための尺度

　3)「ふだんの行動をふりかえるアンケート（ソーシャルスキル尺度）」

　　ソーシャルスキルを〈配慮〉と〈かかわり〉の側面から測定する尺度

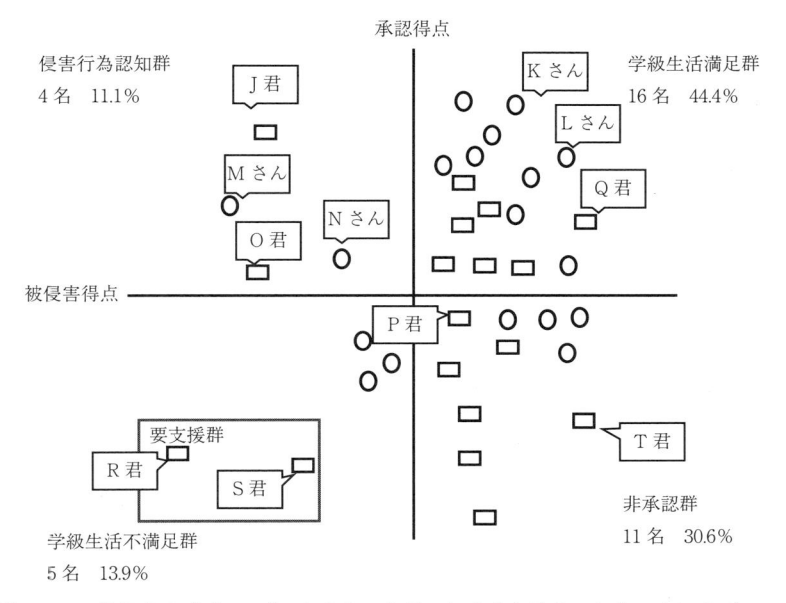

図7-1 7月初めの「1）いごこちのよいクラスにするためのアンケート」のプロット図

　図7-1は，「1）いごこちのよいクラスにするためのアンケート」の結果である。縦軸に〈承認得点〉，横軸に〈被侵害得点〉を配置して，データの全国平均をもとに4象限に分類し，各子どもの得点をプロットしたものである。□印が男子，〇印が女子である。

　まず，このプロット図からわかることは，この学級の27名（75％）の子どもは，不適応感や被害感を測定する尺度得点（横軸）が全国と比較して平均値以下である。このことから，この学級の大部分の子どもはルールを守っている状態であるといえる。この教師の学級経営のスタイルは，どちらかというと「管理型」の学級ではないかと考えられる。

　しかし，級友から承認されており，不適応感や被害感が少ない〈学級生活満足群〉の子どもは16名（44.4％）であり，11名の子どもが不適応感や被害感はないが，承認感が低い〈非承認群〉に位置するなど，学級が2つのグループに分かれている可能性もある。さらに忘れてはいけ

ないのが，5名の子どもが，承認感も低いうえに〈被侵害得点〉が高いという〈学級生活不満足群〉である。特に，2名は〈要支援群〉に位置している。

　不適応感や被害感が平均以上の子どもが9名存在しているということは，学級が少しずつ落ち着かなくなってきていることを意味する。MさんやNさんがJ君をあおっているという事実，O君やP君がJ君の状態に乗っかり，反抗的な態度を示しているという担任の印象がプロットに表れている。J君，MさんやNさんは，〈承認得点〉は平均以上だが，不適応感や被害感を示す〈被侵害得点〉もまた平均以上である。このままいくと，J君，Mさん，Nさん，そしてO君，P君の5名の子どもに学級が支配されてしまう可能性もゼロではない。

　この学級は，「小集団成立期」から「中集団成立期」にかけて移行していたのにもかかわらず，学級が落ち着かなくなり，「小集団成立期」に逆戻りしたような状況だ（p.91，コラム6参照）。ここから再度，学級づくりをしていく必要がある。しかし，学年主任の教師は，I先生は力で押していくタイプなので，また力でルールの形成をはかると，学級がしらけてきて〈非承認群〉の子どもが多くなるのではないか，ルールを確立しながらも子どもとのリレーション（信頼関係）の形成に努めることが必要ではないかと考えている。

3．Q-Uのデータの分析を目的とした援助チーム会議の様子

　Q-Uの分析会では，まずはプロットを分析し，学級の様子を把握する。Q-Uはアンケート調査であるので，これだけですべてのことがわかるわけではない。教師がチームでQ-Uの結果を丁寧に分析することが重要である。ここでは，Q-Uのプロットを分析しながら，学級をどうしていくのかを，学級でリーダーシップのある子どもの分析を通して考え，また，担任が悩んでいるJ君への対応，そして〈要支援群〉に位置する気になる子どもへの援助を話し合った。

(1) 学級のリーダー

　学級のリーダーは，KさんとQ君である。Kさんは人望もあり，リーダーシップを持ち，学級を引っ張っていってくれる。最近，J君が反抗的になってからなかなかそのリーダーシップが発揮されない。Q君はKさんをフォローし，学級の仕事を進んでやってくれる。自分から前に出ていくタイプではないが，成績もよく，学級の子どもたちは一目置いている。

　学級に影響力の大きい児童は，男子はJ君，女子はMさんとNさんである。援助チーム会議では，J君だけにとらわれず，学級経営の見通しをする必要があるとの認識が他の教職員からも示され，I先生もこれには納得した。まずは，Kさん，Q君がリーダーシップをとれるような学級にしたい。しかしそのためには，まずはJ君の問題行動への対応が鍵となるというのがI先生の考え方であった。

　さらに，プロット全体を見ると，男子の〈承認得点〉がやや低い。この傾向を見てI先生は，「自分は男子には厳しいのかなぁ」と苦笑いしていた。

(2) J君を中心とした分析

　Q-Uのプロットや担任から聞く学級の状態から，J君だけではなく，学級全体を見ながら学級経営を再検討する必要があると思われる。〈要支援群〉の2名も心配である。しかし，担任のI先生はJ君への対応が気がかりなのである。また，J君の行動が学級規律を乱し，学級のリーダーが建設的な方向に学級を導けないという側面もある。

　そこでまず，援助チーム会議ではJ君の「現在地」を理解することに努めた。J君はQ-Uのプロットでは〈侵害行為認知群〉にいる。〈承認得点〉は高いが，〈被侵害得点〉も高い。なぜ，学級の陰のリーダーだと担任がとらえていたJ君が，不適応感や被害感の指標である〈被侵害得点〉が平均よりも高いのだろうか。これはあくまでも仮説であるが，J君はソーシャルスキルが低く，周囲に「わがまま」ととらえられている可能性がある。わがままであるから，J君が自由に動けば動くほど，周囲との軋轢（あつれき）を生むのである。しかも，J君は自分の行動を無理に

押し通そうとする。J君の行動はなぜわがままに映るのであろうか。その答えは〈ソーシャルスキル尺度得点〉にあった。J君は他者にどの程度，配慮的にかかわれるかという〈配慮スキル〉の得点が低いが，他者にかかわるスキルの指標である〈かかわりスキル〉は高かった。これはJ君が，他者に配慮するスキルは低いが，他者にかかわるスキルは高いことを意味する。授業中の不用意な発言などが多く，教師にとってはJ君の言動に注意しなければならなかったが，実はそれはJ君の〈配慮スキル〉の不足と関連がある可能性が理解できた。

もう1つ考えられるのは，担任のJ君への支援が他の子どもには「特別扱い」として映っている可能性である。この学校の教師は，4年生のころから目立つJ君をなんとか取り込み，学級づくりをしようと努力してきた。担任のJ君への特別な支援は，他の子どもにしてみれば「J君だけ特別扱いでずるい」という意識を芽生えさせる。そして，今まで温かかったJ君に対する周囲のまなざしが厳しくなる。表立って注意する人はいないが，こうした学級の否定的な雰囲気はJ君に伝わる。そして，J君はますます問題行動を加速させる。今までJ君が言うことを聞いていた優等生的な女子であるKさんとLさんに逆らうようになっていったことも，この点と関連がある可能性がある。学級を円滑に運営するためには，こうした小さな変化に担任が気づき，配慮する必要がある。担任は，J君を特別扱いせずに学級のルールを再確立しないと，せっかく学級がある程度のまとまりを帯びてきたのに（中集団成立期），またバラバラになってしまうのではないかと思いはじめた。学級にはほかにも個別に支援が必要な子どもが存在する。まずは，〈要支援群〉の子どもに注目する必要がある。

(3)〈要支援群〉のR君とS君

まず，支援が必要な子どもたち，すなわち〈要支援群〉にいるR君とS君を見てみよう。図7-2を見ると，R君の〈学校生活意欲（スクールモラール）尺度得点〉のすべて

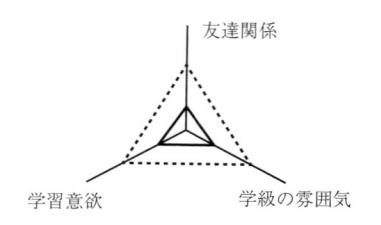

注）点線は全国平均

図7-2 R君の学校生活意欲尺度の結果

の下位尺度得点が低い。R君は〈ソーシャルスキル尺度〉の〈配慮スキル〉と〈かかわりスキル〉も低く，どこから援助したらよいのか手がかりがない。個別に話をしてもあまり会話ができず，担任は困っていた。保護者がR君の成績が低いこと，小学4年生のころから登校時に腹痛を訴えることがよくあることを心配

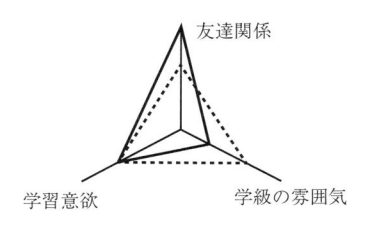

図7-3 S君の学校生活意欲尺度の結果
注）点線は全国平均

し，担任に相談していることもあって，担任と保護者は信頼関係があり，話ができる。また，R君は絵を描くことが得意で，絵のコンクールで何度か入選している。このあたりもR君とかかわるときに参考になる。

　S君はT君とだけ話をしている。2人にはパソコンや電車，メカが好きという共通の話題がある。低学年のころから一緒で，クラス替えのときはこの2人を一緒にするよう配慮してきた。しかし最近，T君の成績が下がり気味で，欠席が目立ってきている。そんなこともあり，S君も一緒に落ち込んでいっているようだ。図7-3を見ると，S君の〈学校生活意欲（スクールモラール）尺度得点〉の〈友達関係〉の下位尺度得点がこれほど高いのには，T君のことだけを考えて回答した可能性がある。S君の〈ソーシャルスキル尺度〉の〈配慮スキル〉は中程度，〈かかわりスキル〉は低い。また，S君の〈学習意欲得点〉は平均程度で低くない。その理由を聞いてみると，最近，社会科，特に日本史の勉強に熱心であるということだった。日曜日の夜に家族で観ているテレビの連続時代劇に興味を持ったことがきっかけであったという。ゴールデンウィークには，祖父から戦国武将に関する伝記本を買ってもらい，読み進めている。そのため，社会科の授業ではイキイキとしている。他の教科では算数が得意で，テストの得点も高い。国語，理科の成績は中程度である。

4. 学級の立て直しと個別の支援

(1) ルールと信頼関係の再構築

　援助チーム会議で担任と話し合った結果，授業中のJ君への指導方針を統一することにした。その前に，担任として，授業中のルールを再構築することにした。やはり，この学級では授業中に立ち歩かないこと，そして，授業中に何かを言うときは手をあげてから言うこと，人を傷つける言葉は使わないことなどの基礎的なルールを再度確認する必要が出てきた。それと同時に，特に男子については，I先生が積極的にかかわっていくこと，子どもの細かい変化に気を配り，褒めることも必要だという意見も出た。ルールの定着を図りながら，一方では子どもとの関係を再構築する，相反する2つの作業を同時に行うのである。

　さらに，冷めている〈非承認群〉〈要支援群〉の子どもを認めることも必要である。授業中に乗ってこない子どもたちは，学級に居場所がなく〈承認得点〉が低いために，「どうせこの学級で頑張っても無理。意味がない」と学習性無力感に陥っていることが考えられる。

図7-4　J君の学校生活意欲尺度の結果
注）点線は全国平均

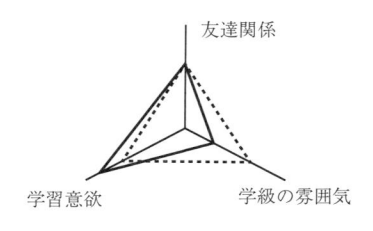

(2) J君への支援

　では，担任が気にしているJ君についてはどのように支援していけばよいのか。J君の〈学校生活意欲プロフィール（スクールモラール尺度得点）〉（図7-4参照）を見て，J君の理解を深めることにした。〈友達関係〉の得点が，教師の予想に反して，低いことがわかった。J君は級友から承認を受けていると認識しているが，J君から積極的に友だちづき合いをする意欲が低いことがわかる。「係活動を決めたり，班で学習したりすることなど，集団の力でJ君を引っ張ることは少し難しい気がします」と担任は言う。この担任の感想を裏づけるように，〈学級の雰

囲気〉への得点も低い。

　一方，学習面の意欲が予測に反して高かった。ここで複数の教師がJ君の漢字クイズについて思い出した。6年生になって，携帯ゲーム機を兄から譲り受け，漢字のクイズ形式のゲームソフトに熱中するようになり，難解な漢字の読み方や書き方を得意になって説明していたのである。また担任は，最近，算数の計算ドリルを丁寧に仕上げていることを思い出した。そこでJ君については，漢字が読めること，計算ドリルを丁寧にしているところをしっかり評価していくことにした。具体的には，計算ドリルがよくきている場合は必ずコメントを書くこと，そしてそのことを連絡帳で保護者に具体的なエピソードを添えて知らせることである。具体的なエピソードを添えるアイデアは，先輩教員からのアドバイスであった。保護者は，エピソードが具体的であればあるほど状況がわかり，それがJ君本人への褒め行動にもつながる。また，特別支援教育コーディネーターはこうしたJ君への取り組みが一段落してから，7月末の保護者懇談会で機会をうかがいつつ，保護者と再度面談を持つことにした。

(3)〈要支援群〉の子どもたちへの対応

　〈要支援群〉のR君については，保護者と連携がとれていることを周囲の教師も評価していた。しかし，腹痛については登校に対する不安が身体化している可能性も否めない。そこで，養護教諭と連携しながら，例えば，腹痛の激しいときは教室ではなく保健室に登校してもらい，その間に保護者と面談し，必要なら医療機関への受診も提案することとした。さらに，絵が得意ということも，学級でしっかりと認めていく必要がある。夏休みに絵のコンクールがあるので，R君に応募をすすめてみようということになった。

　S君も〈要支援群〉におり，気がかりである。日本史に興味を持っていることから，社会科の授業での調べ学習において，S君を認めていくことにした。

　J君の立ち歩きや暴言について，MさんやNさんがあおっているのではないかという心配が担任にはある。MさんとNさんは学級にも影

響を及ぼし,教師としてもその行動に配慮することが必要である。幸い,MさんとNさんは同じ女子アイドルグループが大好きで,担任もこのアイドルグループのメンバーはある程度わかる。そこでまずは,MさんとNさんにはアイドルグループの話をすること,また,MさんとNさんはバレーボールが得意なので,そのことを担任が褒め,期待していると,具体的に伝えることにした。さらにMさんとNさんは,ときどき保健室に行っていることがわかった。養護教諭もMさんとNさんとかかわり,話を聞いていくことにした。

　以上のように,Q-Uのプロットデータを用いた援助チーム会議により,担任のI先生は学級のルールの定着をもう一度促しながらJ君,R君,S君,Mさん,Nさんを核に援助をしていくことにした。90分程度の時間であったが,Q-Uのデータを囲んで担任,学年の教師,養護教諭,特別支援教育コーディネーターの6名による援助チーム会議が終了した。

5. 援助チーム会議後の学級経営

　その後,I先生は学級全体,特に授業時のルールの確立と男子との関係づくりをしながら,J君,Mさん,Nさん,そして,R君,S君を核に援助していった。学級全体のルールを徹底する前に2週間くらい,子どもたちを認める活動をした。具体的には,プリントなどを返却するとき,メッセージを添えるとともに,よかった点を一人ひとりの児童に具体的に伝えるなど,丁寧に接するようにした。また,20分休みや昼休みもなるべく教室に残り,〈承認得点〉が低かった子どもにI先生のほうから声をかけていくようにした。

　次にルールの徹底であるが,まず授業中に立ち歩かないことに重点を置いた。しかし,それは非常に難しかった。ある日,特別支援教育コーディネーターからタイムアウト法という方法を教えてもらった。集中することが難しい子どもの場合,教室にいすやスペースを設け,集中が難しくなったらそこに座ってもらうという方法である。しかし今,ルール

が共有されていないところでタイムアウト用のスペースを教室に作ることは難しいとI先生は考えた。そこで代替案として，授業中に動きを取り入れることにした。発表の場合，全員が黒板に何か書けるような機会を作る，集中が切れてきたら一度立ち上がってみるといった簡単なものであった。それまでI先生は，「いすに集中して座るのが最高学年であり，中学校への準備である」と考えていたが，これにこだわらないことにした。

　球技大会であるが，Mさん，Nさんがバレーボールをしようと提案し，J君は級友を誘い出し，昼休みに練習を行った。球技大会ではよい成績を収めることができなかったものの，結果的にこれを機会に再び学級に協力的な雰囲気が生まれた。

　一学期の終わりが近づいたころ，まだまだJ君が立ち歩くこともあるが，授業そのものに動きを取り入れたこともあり，あまり目立たなくなった。Q-Uのデータをチームで分析したことにより，特別支援教育コーディネーター，養護教諭とも以前より密に連絡がとれるようになった。

コラム6　Q-Uとは？

　Q-Uとは"QUESTIONNAIRE-UTILITIES"（『楽しい学校生活を送るためのアンケート』）の略である。このアンケートは河村茂雄により開発された。Q-Uにはいくつかの尺度があるが，まずは「いごこちのよいクラスにするためのアンケート」のプロット図を理解することが大事である。

　このアンケートの特徴は，学級において友人や教師からどの程度承認されているかと問う〈承認得点〉，そして，直接的な攻撃や悪口，からかいなどを示す指標である〈被侵害得点〉の2つを掛け合わせ，子どもの学級における人間関係を視覚的に把握できることである。〈承認得点〉〈被侵害得点〉を図7-5のように4象限に分け，子ども一人ひとりの状態を把握していく。早急に支援が必

要となるのが，〈承認得点〉が低く，〈被侵害得点〉が高い〈④学級生活不満足群〉，さらに，一段と〈承認得点〉が低く，〈被侵害得点〉が高い〈⑤要支援群〉の子どもたちである。

　Q-U実施の目的の1つがこうした子どもたちの発見である。さらにQ-Uでは，例えば，〈被侵害得点〉は低いが〈承認得点〉が低い〈②非承認群〉の子ども，逆に，〈承認得点〉が高いが〈被侵害得点〉が高い〈③侵害行為認知群〉の子どもも発見することができる。〈②非承認群〉の子どもは，学級で認められていないと感じている子どもたちである。教師はこうした子どもたちに積極的にアプローチしていく必要がある。〈②非承認群〉の子どもが増えると学級が何ともいえないしらけた雰囲気となる。さらに，〈承認得点〉は高いが，同時に〈被侵害得点〉が高い〈③侵害行為認知群〉は，被害感が高い子どもやソーシャルスキルが低い子どもが集まっているといわれている。この子どもたちにも援助が必要だ。

　Q-Uでは個別の子どもたちの援助のみならず，学級の集団としての状態を理解することで学級経営への具体的な示唆が得られる。例えば，子どもにどの程度ルールが共有されているのかということと，子ども同士，また子

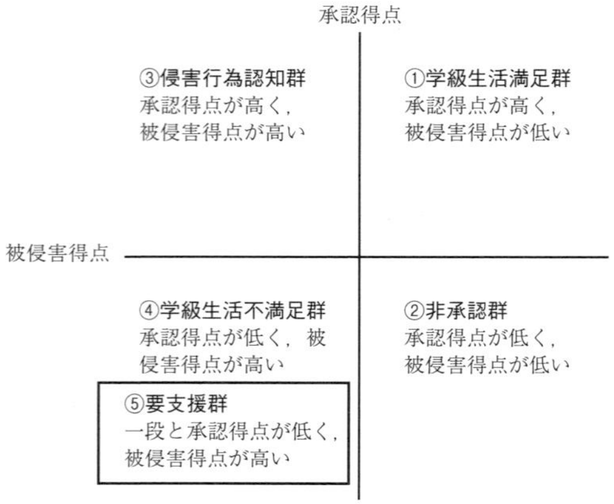

	承認得点	
③侵害行為認知群 承認得点が高く， 被侵害得点が高い		①学級生活満足群 承認得点が高く， 被侵害得点が低い
被侵害得点		
④学級生活不満足群 承認得点が低く，被 侵害得点が高い		②非承認群 承認得点が低く， 被侵害得点が低い
⑤要支援群 一段と承認得点が低く， 被侵害得点が高い		

図7-5　Q-Uのプロット図

どもと教師のリレーション（信頼関係）がどの程度形成されているのかがわかる。当然，児童生徒にルールが共有されておらずリレーション（信頼関係）が低い場合に学級崩壊が起きる。

　河村（2013）によると，学級集団の状態は学級崩壊から自治的集団成立期の7つの段階に分類できるという。その7つの段階とは，「学級崩壊」「崩壊中期」「崩壊初期」「混沌・緊張期」「小集団成立期」「中集団成立期」「自治的（全体）集団成立期」である。では，事例のＩ先生の学級（p.83，図7-1）はどのような学級であろうか。この学級は6月までは「中集団成立期」の段階まで来ていた。しかし，子どもの問題行動をきっかけに，「小集団成立期」「混沌・緊張期」あたりに集団が退行しているのではないかと筆者は感じている。

リフレクション

1) あなたが小学生，中学生のころの学級を思い浮かべてみましょう。担任の先生はどのような学級経営をしていましたか。Q-Uのプロットを思い浮かべながら意見交換をしてみましょう。
2) 今まで自分が受けた授業，または実践した授業の中で，体験的な要素を取り入れた授業はありましたか。振り返ってみましょう。
3) あなたがＩ先生の学級を担任したら，Q-Uの結果を踏まえ，どのような取り組みをしますか。優先順位をつけて取り組みをリストアップしましょう。

第 8 章

教師のメンタルヘルス

　「自分を担任してくれた小学校や中学校，高等学校の教師に憧れて教育大学に来ました。でも最近，教師の仕事は大変だと聞きます。もし，一生懸命やって教師がダメだったら別の仕事をします」――こんなことを言う学生が多くなってきた。学生の背景にあるのは，教師としてやっていけるのか，仕事を続けていけるのかという不安である。

　事実，2010年12月25日付の朝日新聞では，2009年度に精神疾患で休職した教師が5,458名にのぼり，17年連続で増加し，20年前の5倍になったことが報じられている。この状態はその後も改善が見られておらず，2010年度は5,407名，2011年度は5,274名であった（教職員のメンタルヘルス対策検討会議，2013）。いじめや保護者対応，学級崩壊など，教育現場の苦戦の現状を伝える昨今の報道から，学生たちは「教師は大変な仕事だ」という認識を持つ。

　教育を取り巻く環境がどうであれ，教師という仕事は対人サービスなので，仕事の成果が見えにくい。学習面で苦戦する子どもに放課後1時間指導したからといって，劇的に学力が伸びるということはない。また，不登校の子どもの支援でも短期的にはその成果が実感しにくい。

1. 教師のメンタルヘルスとは

　教師のメンタルヘルスは，バーンアウト（燃え尽き）という概念で論じられることが多い。バーンアウトは，教師などの対人援助サービスにかかわる人に多いとされ，教師のメンタルヘルスの具体的な指標とし

て議論されている。久保（2007）は，今まで何事もなく仕事をしていた人が急にあたかも「燃え尽きたように」意欲を失い，休職，ついには離職してしまうと指摘している。西村・森・宮下（2009）は，小学校教師540名を対象にバーンアウトの因子構造を検討し，情緒的消耗感，脱人格化，個人的達成感の3つの因子を確認している。情緒的消耗感とは，精神的に疲れ果て，「もう教師は続かない」と思うことである。脱人格化とは，子どもの顔を見ても疲労が先に立ち，子どもや保護者，同僚との関係をいきいきと保つことができなくなることを意味する。個人的達成感とは，それが欠如していることがバーンアウトにつながるのだが，仕事に熱中できなかったり，仕事が終わっても達成感が感じられないことを意味する。

　ではなぜ，教師は情緒的消耗感，脱人格化，個人的達成感の欠如を感じるのだろうか。もちろん，バーンアウトしやすい性格傾向というものは存在する。しかし，昨今の学校現場を取り巻く状況の変化に教師にバーンアウトしやすくさせる傾向があるのではないかと筆者は感じている。代表的なものが，教師の年齢構成の変化，教師の勤務評価だ。

　現在の教育現場は学校に在籍している教師の年齢構成がアンバランスである（芝山，2010）。若手が多い学校，30代半ばから40代の教師が極端に少ない学校，ベテラン教師が多い学校などさまざまだ。教師の年齢構成のアンバランスは，教師が子どもに提供できるサービスのアンバランスにつながる可能性がある。筆者がかかわったある校長は「保護者と同世代の30代，40代の教師が極端に少ないというのは，いろいろな意味で不利である」と言っていた。

　もう1つの変化が教師に対する勤務評価である。文部科学省（2010）の調査においては，ほぼすべての教育委員会で教員評価が実施されている。評価制度はその必要性や意義もあるので，この制度そのものに反対するつもりはない。しかし，教員評価のやり方によっては，教師自身が他の教師や管理職に相談しにくくなる可能性がある。

　中島（2006）は，自身が勤務する精神神経科の外来を1年間に受診した現職教師のうち，職場内にストレスがあると判明した275名の診断記録を分析した。その結果，42％の教師が児童生徒との関係，24％の教師

が同僚・管理職との関係，6%の教師が保護者との関係をストレッサーとしてあげていたと報告している。同僚との人間関係に悩むことでメンタルヘルスが阻害されることがあるのである。

2. バーンアウトに陥らないためには

では，教師はどうしたらよいのか。まず重要なことは「疲れたら休む」の原則を守ることである。しかし，今の教師にとってこれがなかなか容易なことではない。教師の仕事は線を引くのが難しい。子どもがいじめの被害を訴えた場合，保護者と深夜まで話し合いをしたり，休日に出勤することも珍しくない。

学校が荒れたり，いじめ事象が頻発してくると，毎週末このような状況に陥ることもある。こうなると，教師はどこかで仕事に区切りをつけないといけない。可能なら仕事を早く切り上げ休めるようにすることが，メンタルヘルスの悪化を防ぐ。教師が精神的に健康でいられることは子どもにとっても大切なことなので，「子どものために休む」という決断もときには必要だ。さらに，今の学校には教育委員会への報告や研修など，教育活動以外の仕事もたくさんある。最近では，教育委員会が報告のための書類を軽減したり，教師のメンタルヘルスのための研修会を開催する取り組みも全国的に見られる。

次にできることは，教師自身が物事の受け止め方を柔軟にし，うまくストレスとつき合うことである。教師が「完璧な教師をめざさないといけない」と思えば思うほど，自分で仕事を抱え込み，身動きがとれず，学級経営や生徒指導で重大な案件を抱えていても他の教師に相談できないということが起こる。河村（2009）は，教師の指示を素直に受け入れる小学生はほぼ半数，中学生は2割と指摘している。「自分の指導が子どもに受け入れられない」と悩んでいる教師は多いが，現状からいえば，指導が通らなくて当たり前という見方もできる。子どもが自分の言うことを聞かないのは自分の力量不足だと考えることにより，教師はバーンアウトしてしまうのである。

加えて，身体の緊張をほぐしていくリラクゼーション法なども一定の効果をもたらす。

　一方で，教師が効果的な生徒指導・学級経営の技法を学ぶことも大切である。最近，実証的な心理学に裏打ちされた学級経営の手法，ソーシャルスキルトレーニングや構成的グループ・エンカウンターなどの取り組みが紹介され，教師の関心が高まっている。このような技法を学ぶことで，学級経営や生徒指導がうまくいき，結果的にバーンアウトに陥る危険性を低めることもできる。

　しかし，筆者はそういった個人としての努力のほかに，子どもの問題行動の対応を担任一人に任せずチームで対応していくことで，学校のさまざまな問題が解決に向かい，教師のメンタルヘルスを向上させると考える。学校で援助ニーズの高い子どもにチームで対応することは，子どもへの支援も充実させ，なおかつ，教師のメンタルヘルスにも好影響をもたらすと考える。

　事実，田村・石隈（2001）や伊藤（2000），新井（2007）は量的調査から同僚との関係性がバーンアウトを防ぐことを，さらに布川（2006）は高校教師対象の質的調査からも同僚との関係性維持の重要性を指摘している。高木・田中（2003）は，小中学校の教師710名を対象に調査を行い，「役割葛藤」「同僚との関係」「組織風土」，評価懸念の職務環境に関するストレッサーが，「教師自身の役割の曖昧性」「教師の職務の実施困難性」に関するストレッサーに影響し，それがバーンアウトを規定していると指摘している。教師の職務に関するストレッサーには，職場の雰囲気や同僚との関係が影響を及ぼしている。この高木・田中（2003）の指摘は，チームで取り組むことが少なからず教師のメンタルヘルスの改善につながる可能性をうかがわせる結果である。また，チーム援助により教師の役割が明確になり，子どもの援助が効果的になされ，職務に対する自信も得られるのではないかと筆者は考えている。

3. チーム援助と教師のメンタルヘルス

さて,この章は,チーム援助の視点から教師のメンタルヘルスに言及することが目的である。ここでは,チームで取り組めないことで教師がメンタルヘルスを阻害する事例,さらに,チーム援助のやり方に課題があり,教師がメンタルヘルスを阻害する事例,最後に,チームで取り組むことで子どもの援助サービスが充実し,結果的に教師のメンタルヘルスが維持される事例を紹介する。

(1) チームで取り組めない:抱え込み・思い込みの落とし穴

◦ 事 例 ◦
小学6年生の担任U先生

U先生は,小学6年生を担当する教師10年目の男性の先生だ。講師を5年経験し,5年前に念願の教員採用試験に合格した。30代前半で学校の中でもさまざまなリーダー的な立場を任されている。最近またよいことがあった。U先生自身が待望の子どもを授かったことだ。子どもに恵まれ,子育て経験が自分の教師経験にも生きると張り切っていた矢先に学級の様子がおかしくなった。

ことの発端はゴールデンウィーク明けの5月中旬のある日の事件だった。学級の男子全員が2時間目の後にある20分休みが終わっても教室に戻ってこない。男子児童は体育館の準備室に隠れていた。安全面の心配もあり,U先生は子どもたちを叱った。しかし,その翌週も同じことが起こった。U先生は,「子どもたちは私をバカにしているのではないか」と思った。その瞬間に,学級のリーダー的存在のVに対して自分の怒り感情をぶつけていた。Vは次の日の朝,「おなかが痛い」と言って欠席し,とうとうその週は学校に来なかった。翌週の月曜日になって,Vの両親が校長を訪ねてきた。Vの父親から,「なぜ,休み時間より少し長く遊んでいただけで,人格を否定されるほど怒鳴られなければならないのか。先生は自分が受け持つ子どもを大事に思っていないのか」と言われてしまった。この言葉をきっかけに「学級の子どもを大事に思っていない」という思いがU先生の頭から

離れなくなってしまった。仕事に力が入らずケアレスミスが増え，夜遅くまで学校に残っていることが多くなった。校長には，「子どもなんて，相手によっていろいろな顔をするものだ。保護者に向けている顔と教師に向ける顔は違う。あまり悩まないほうがよい」と言われた。

実はこの学校では 5 年生の 1 つの学級が荒れ，担任も体調を崩しており，U 先生自身もここで踏ん張らなければいけないという思いもある。しかし，U 先生は頑張ろうとすればするほど，子どもたちとかかわるのが重荷になってきていた。V の父親の言葉もいまだに胸に突き刺さっている。夜もあまり眠れない。学校に行く足取りが重たい。一方で，「自分がなぜこんなことでショックを受けているのかがわからない」「お前はこんなにも弱い人間なのか！」と，ときには自分を叱ったり，またときにはあきれたりしている。

先日，あるベテランの先生から，「U 先生らしくないぞ！　以前のようにバリバリと学校を引っ張ってやってくれ！　そんなことでへこたれてはダメだ」と怒られた。以前は「叱られているうちが華」と思えたのだが，これもボディブローのように U 先生の気力を奪っていった。

U 先生は，「子どもが教室に帰ってこない」という状況自体を自分の感情を整理しながら丁寧に振り返る必要があった。もし，U 先生が他の教師に相談し，事例を少しでも別の角度から見ることができていたら，自分の対応を丁寧に振り返ることもでき，感情をそのまま子どもにぶつけなかった可能性がある。それがチーム援助の効用の 1 つである。

(2) チーム援助が機能しない：なかなか進まない議論

しかし，援助チーム会議が開かれていればよいというものではない。やり方によっては教師を追い詰めることもある。

▪ 事　例 ▪
小学 4 年生の担任 W 先生

小学 4 年生を担任する女性教師の W 先生は，7 月中旬，放課後に実施された援助チーム会議に出席した。参加者は，特別支援教育コー

ディネーター，校長，教頭，養護教諭，学年主任であった。4年生のXは，ゴールデンウィーク明けから登校をしぶりだし，6月は欠席が多くなった。7月には保健室登校となる。最近，Xは保健室で担任のW先生と話ができるようになってきており，「勉強をしてみようか」という気分にもなっている。実は，Xの保護者はW先生の学級での対応に問題があり，それがXの"登校しぶり"の原因だと思っているようだ。Xの保護者から，「うちの子どもをどう支援していくのか，具体的な計画を示してもらえないと子どもを安心して学校に送り出せない」と言われている。

　Xの教室復帰のタイミングをどうするのか，保護者にはどのように説明していくのか，援助チーム会議で方向性を打ち出したかった。しかし，途中から会議の方向が，「Xはゴールデンウィーク明けに友人関係のトラブルがあって，それが原因で登校しぶりに陥ったのではないか。それを把握しないと教室復帰のタイミングがわからない」ということとなり，ゴールデンウィーク明けの学級の状況を細かく質問された。2カ月も前の学級の状況や児童の詳しい人間関係について事実関係を報告するように言われて，W先生は戸惑った。気がつくと2時間半が経過し，時刻も夜の7時をまわっており，会議は終了となった。最後に，とりあえず保健室で授業のプリントに取り組むということになった，学習面の支援は養護教諭の手が空いたときに行うことが確認された。しかし，養護教諭の手がふさがっているときはどうするのか，いつ教室に復帰するのか，保護者にはどのように説明するのか，W先生が必要とする結論までは到達できなかった。

　翌日，保護者が来校した。保護者からは，「細かく学習支援をしてほしい。どの先生がどの教科を指導するのか，具体的な計画を出してほしい。前からお願いしているのに，なぜ計画が出てこないのか」と言われてしまった。W先生も，学生ボランティアを効果的に配置するなりすればこの状況を打開できるとも思っている。「しかし，うちの学校の先生方は原因を追及するばかりで先に進まない。こんなことでは，校長にも相談せず自分でやったほうがよいかな」と感じる。教師間の連携を深め，チームで取り組むことが大事とわかっていても，このような気持ちになってしまう。Xの件でXや他の教師，保護者と折衝する意味が見いだせない。「私はXや保護者とは合わない，この学校の教師とはうまくいかない」とW先生は感じるようになった。

(3) 学校の支援・協力体制との関連

教師がバーンアウトしたりメンタルヘルスを阻害するのは，教師個人の性格特性が主たる原因ではない。教師のバーンアウトを教師個人の性格特性に帰属させる考え方はあまりに物事を単純化していると感じる。教師は，学校という社会的な場で子どもや保護者，同僚の教師や管理職とかかわり，バーンアウトするのである。

最近，教師が自殺したケースにおいて労災が認められる判決が出ている。例えば，2012年7月20日付の朝日新聞（静岡版）には，静岡県の小学校教師が自殺したケースについて東京高等裁判所から公務災害の認定が出たとする報道がある。この判決では学校における支援体制のなさが背景にあると指摘している。さらに，2010年3月30日付の朝日新聞（東京版）によると，大阪において荒れた中学校の教師が自殺したのは学校側の教師に対する支援不足が背景にあるとして，大阪地方裁判所は公務災害の認定をしている。つまり，教師の自殺は学校の連携のなさが原因であると司法が判断したのである。

もちろん，教師の個人的な要因もバーンアウトに関連している。U先生のケースでは，休み時間が終わっても子どもが教室に戻ってこないのは担任である自分をバカにしているのではないかと，U先生自身がとらえた。そのことにより，この事態を脅威的に見てしまったのである。

しかし，物事のとらえ方は自分一人で悶々と考えていても変わらない場合が多い。他者とコミュニケーションをとることで新たな気づきがあるし，他者からの意見により物事の別のとらえ方に目が向くことがある。そのため，教師自身が，問題行動を示す子どもについての見方を変えたり，指導に幅を持たせるには，チームで取り組むことが必要となってくる。物事を一方向からだけとらえるような見方の癖は，認知行動的アプローチ（p.102，コラム7参照）によって自分自身で修正することも可能である。

次に，W先生の場合はどうか。W先生は保健室登校のXの問題をいち早くチーム援助の俎上に載せた。しかし，結論が得られなかった。そのために保護者に十分な説明ができていない。チーム援助を成功させるためには，その学校の協力体制，コーディネーターの力量など，さ

コラム7 認知行動的アプローチ

強迫的で融通のきかない考え方を柔軟にすることで出来事の受け止め方を変えていく方法は,「認知行動的アプローチ」と呼ばれるカウンセリングの理論である。教師の例でいえば,「自分は教師として指導を徹底しなければならない」「子どもはいつもおとなしく勉強しなければならない」などの考えを強く持つことは,教師の指導行動を固くし,結果的に指導がうまくいかなくなる（河村・國分，1996）。大切なことは,柔軟な視点を持つことである。子どもがおとなしく勉強するというのは教師の願いである。この願いは願いで大切にしながら,それを脇に置き,子どもの状態のありのままを見ていく。そこから子ども理解を出発させるのである。

柔軟な考え方は,チーム援助の観点からも重要となる。教師が「他者に甘えてはいけない」「自分は担任として一人で学級をまとめあげなければいけない」とあまりに強く考えてしまうと,他者に相談できずに一人で抱え込んでしまい,結果的に問題解決を遅らせることになる。

まざまなことが関係してくる。筆者は,45分くらいの間に1つの事例を話し合い,具体的なアクションプランまで到達する必要性を訴えている（水野，2011）。Xの問題であれば,誰がどの時間にどのような学習支援をするのか,時間割を作成する必要がある。もしスタッフが足りなければ,大学生のボランティアなどの人的リソースを活用することも可能である。しかし,ボランティア学生に任せっきりにするのはリスクがある。Xの経緯を説明し,その背景を理解し援助的にかかわれる人が必要である。また,どのような科目を学習させるのかを,Xの気持ちを丁寧に聞きながら決めていく。難易度や進度にも気を配る必要がある。まだまだ,学習に気が向きはじめて間もない段階である。

いきなり授業のようにかかわっては，X本人にも重荷になりかねない。ここは養護教諭を中心に，Xの気持ちをくみとりながら援助したほうがよい。そのため，3日くらい実施したら一度，情報交換の会を持つ必要がある。

(4) 担任を支える援助チーム会議

さて最後に，チーム援助により援助サービスが充実することで教師のメンタルヘルスがどのように改善するのか，典型例を示そう。

• 事 例 •
中学3年生の担任a先生

　Yは中学3年生女子。成績もよく，陸上部で頑張っている。しかし，3年生のクラス替えで多くの陸上部のメンバーと別の学級になってしまい，何となく調子が出ない。唯一，陸上部のZとは同じ学級になった。そんなYの様子が，ゴールデンウィーク明けからおかしくなった。どうも陸上部女子の間でトラブルがあったらしい。6月後半の修学旅行では，Yは体験学習の責任者の1人に決まっている。しかし，Yの欠席が多くなり，準備も進まなかった。修学旅行2週間前になり，Yの保護者から電話がかかってきた。保護者は「娘は『Zとトラブルがあり修学旅行に行きたくない』と言っています。説得を試みましたが難しそうです。修学旅行は休みます」と言った。担任のa先生（教師10年目，男性）はすぐに家庭訪問をしたが，Yとは会えない。母親は「娘は『修学旅行には絶対に行かない』と言っています」と困惑した様子であった。a先生はYもZもよく知っている。2人は「よい子」で教師と話ができる。a先生は「この件，私に預けてもらえませんか」と母親に頼んだ。

　次の日，a先生は教室にいたZを職員室に呼び出し，Yとのトラブルのことを聞いた。Zはばつが悪そうな顔をしてあまり事情を話さない。a先生は「ZがYとトラブルになったのは陸上部のことだから仕方がない。しかしそのトラブルのせいで，学級のみんなが迷惑しているんだ。どうしたらよいか自分で考えなさい」と叱った。その夜，ZはYにメールを何通も出したが，結局，Yからは返事がなかった。そしてZは，その学年のほとんどの子どもが加入しているインターネット上のソーシャルメディアにスマートフォンで「わかってもらえな

い」とつぶやいた。そこに友人から「Yのこと（^^ゞ」，また男子からは「Yのことなんて気にするな（>_<）」と，次々に書き込みがされた。当然，このやりとりにはYも気がつく。結局，Yは修学旅行には欠席した。

　修学旅行終了後，学校に相談に来た両親から，「a先生がZに不用意に圧力をかけたから，Zがネット上に書き込みをし，うちの子どもは大変迷惑している。最近では食事が喉を通らないし，ずっと寝ている。病院に相談しないといけない。これは教師や学校によるいじめだ」と言われた。a先生は，子どもととことん話し込んでいくスタイルで10年も教師をやっている。「自分のやり方が通じない……」。これはショックであった。すぐにZを呼び出そうとしたが校長に止められ，まずは現状確認のために援助チーム会議を招集するように言われた。

──その後の展開──

　援助チーム会議の場で，a先生は，自分の指導でYとZの関係を修復させることができると思ったこと，自分にも強引なところがあったこと，学級の女子がZのネット上の書き込みにさまざまな思いを持っていて，それを茶化すような書き込みをしてYが傷ついたことなどを伝えた。そして，「私の教師としての力量不足です」と謝った。援助チーム会議の参加者はごく自然にa先生の発言を受け止め，YとZについて持っている情報を出し合っていった。

　養護教諭のb先生から，Zが最近「おなかが痛い」と言い，保健室によく来室していると報告があった。b先生も何となく様子がおかしいと感じていた。考えてみれば，Zはただ一言「わかってもらえない」と書いただけで，その後の書き込みが問題を大きくした。つまり，Zもある意味で被害者ではないかと，a先生も他の援助チーム会議参加者も感じた。

　さらに若手の音楽教師c先生から，「Yと以前に陸上部を辞めたd子という女子がメールを交換している」と発言があった。どうもd子がc先生に相談したらしい。同席していたスクールカウンセラーから，「YはYなりに，問題解決のために一歩踏み出そうと努力しているのではないか。このYの動きを支えるような援助がよいのではないか」との提案があった。a先生はすぐにでも何とかしたいと思ったが，気持ちが焦り，空回りしている自分に気がついた。他の先生の動きを見て，a先生は「焦ってはダメだ，確実にいかないと」と自分に

言い聞かせた。
　援助チーム会議では，YとZの情報を共有した後，当面の援助の役割分担をすることにした。まずYの家庭訪問。a先生と副担任の女性教師が行くことにした。保護者はYの状態が気になっているので，養護教諭からのアプローチやスクールカウンセラーからの情報提供ができることも伝えることとなった。また，保健室に通っているZの援助も必要だ。これは養護教諭が担当することとなった。担任のa先生もZに配慮することにした。以上，教師やスクールカウンセラーの動きを確認し，1週間後に再び援助チーム会議を開くこととなった。担任のa先生，副担任，養護教諭，スクールカウンセラーはYとZの情報を共有していった。
　2週間もすると，担任のa先生はZと掃除の時間などに談笑できるまでに関係が改善してきた。Yは登校できないまま一学期が終わった。しかし，養護教諭が出した手紙にYから返事が来た。心配された体調も回復しつつあった。母親からは「本人は『暇だ。少し勉強したい』と言っている」との報告を受けている。次回の援助チーム会議で夏期休暇中の過ごし方を考えることにしている。陸上部は8月の1週目の大会で3年生が引退となる。

　この事例は，部活動のトラブルがあり，その後，担任のかかわりが裏目に出て，スマートフォンによるソーシャルメディアでのやりとりが問題を深刻化させた事例である。竹内（2014）も指摘するように，現在，学校現場ではスマートフォンによるソーシャルメディアでのトラブルが大きな課題となっている。担任は自分を責め，担任自身のメンタルヘルスを悪化させていた可能性も十分にある。しかしこの学校では，校長が援助チーム会議を指示し，チームで対応するべく，教師が自分たちの情報を少しずつ持ち寄った。子どもと話し込むタイプの指導を行うa先生は，時間をかけてでも確実に援助を行う方向に転換している。a先生がもし従来の方法でZを"指導"したら，どこかに支障をきたしていた可能性がある。
　教師の指導のレパートリーは，こうした経験を経て，同僚に支えられながら拡がっていく。事実，都丸・庄司（2005）は290名の教師を対象

にした調査結果を受け，教師の悩みの軽減には認知の変容が効果的であるとし，自分自身の内面や周囲に支えられながらの悩みへの取り組み，悩んでいく過程が教師に変容をもたらす可能性が高いとしている。指導方法の限界を感じた a 先生も，周囲の支えや具体的な取り組みによって，Z との関係を再び形成することができた。その背後にあるのは，チーム援助に基づく連携のあり方である。

4. おわりに

　以上，チーム援助の観点から教師のメンタルヘルスを考察した。チーム援助は子どもだけでなく，教師のメンタルヘルスにもよい影響をもたらす可能性が示唆される。もちろん，バーンアウトの徴候が見られる教師の援助には，カウンセリングによる援助や精神医学的な治療が必要なこともある。しかし，この章で示してきたように，チーム援助を導入することで教師のメンタルヘルスを改善する可能性があることも視野に入れておきたい。チーム援助により子どもに対する支援が充実し，その結果，教師が"元気"を取り戻すことができるなら，チーム援助を導入することは，今後の学校の進むべき道といえるのではないだろうか。

リフレクション

1) 教師のメンタルヘルスの現状について，インターネットで文部科学省などのデータを調べてみましょう。
2) 同僚や上司に相談できない教師は，他者に相談することについてどのような心配や不安を抱えているのか，想像してみましょう。
3) あなたは精神的な健康を維持するためにどのようなことをしていますか。また，どのような方法があると思いますか。一度，身近な人と話し合ってみてください。

引用文献

■第 1 章

濱野玲奈　2002　社会的・文化的現象としての不登校に関する質的研究―地域社会における不登校支援機関とそのネットワーク化に着目して　安田生命社会事業団　研究助成論文集，**38**，181-189．

家近早苗　2011　恒常的なチーム援助体制をどう構築するか　児童心理 2 月号臨時増刊（927 号）　学校におけるチーム援助の進め方　48-53．

伊藤美奈子　2011　不登校は今どうなっているか　児童心理 4 月号臨時増刊　不登校の現在　1-10．

石隈利紀　1999　学校心理学―教師・スクールカウンセラー・保護者のチームによる心理教育的援助サービス　誠信書房

石隈利紀・水野治久　2009　学校心理学の「最前線」と学校教育の可能性　石隈利紀監修　水野治久編集　学校での効果的な援助をめざして―学校心理学の最前線　201-211．

河村茂雄　2001　構成的グループ・エンカウンターを導入した学級経営が学級の児童のスクール・モラールに与える効果　カウンセリング研究，**34**，153-159．

國分康孝　1981　エンカウンター――心とこころのふれあい　誠信書房

水野治久　2006　不登校支援の課題と展望　忠井俊明・本間友巳編著　不登校・ひきこもりと居場所　ミネルヴァ書房　220-239．

水野治久・三野輪敦　2010　学校心理学の適応尺度の構造―学校心理学の援助サービスの展開のため　学校心理学研究，**10**，63-72．

水野治久・石隈利紀・田村修一　2003　中学生を取り巻くヘルパーからのソーシャルサポートと適応に関する研究　コミュニティ心理学研究，**7**，35-46．

小野寺正己・河村茂雄　2005　ショートエクササイズによる継続的な構成的グループ・エンカウンターが学校適応に与える効果　カウンセリング研究，**38**，33-43．

佐々木全・加藤義男　2003　「エブリ教室」における実践報告―高機能広汎性発達障害児に対する，劇活動によるソーシャルスキル指導の試み　LD 研究，**12**，15-23．

瀬戸美奈子・石隈利紀　2003　中学校におけるチーム援助に関するコーディネーション行動とその基盤となる能力および権限の研究―スクールカウンセラー配置校を対象として　教育心理学研究，**51**，378-389．

田村節子　2009　保護者をパートナーとする援助チームの質的分析　風間書房

渡辺弥生・山本弘一　2003　中学生における社会スキルおよび自尊心に及ぼすソーシャルスキルトレーニングの効果―中学生および適応指導教室での実践　カウンセリング研究，**36**，195-205．

山口裕幸　2008　チームワークの心理学―よりよい集団づくりをめざして　サイエンス社

山口豊一　2012　中学校のマネジメント委員会に関する学校心理学的研究　風間書房

■第2章

阿部聡美・水野治久・石隈利紀　2006　中学生の言語的援助要請スキルと援助不安，被援助志向性の関連　大阪教育大学紀要第Ⅳ部門教育科学，**54**，141-150.

Carlton, P. A. & Deane, F. P. 2000 Impact of attitudes and suicidal intention on adolescents' intentions to seek professional psychological help. *Journal of Adolescence*, **23**, 35-45.

Chimonides, K. M. & Frank, D. I. 1998 Rural and urban adolescents' perceptions of mental health. *Adolescence*, **33**, 823-832.

Ciarrochi, J., Chan, A. Y. C., & Bajgar, J. 2001 Measuring emotional intelligence in adolescents. *Personality and Individual Differences*, **31**, 1105-1119.

Ciarrochi, J., Deane, F. P., Wilson, C. J., & Rickwood, D. 2002 Adolescents who need help the most are the least likely to seek it: the relationship between low emotional competence and low intention to seek help. *British Journal of Guidance & Counseling*, **30**, 173-188.

Ciarrochi, J., Wilson, C. J., Deane, F. P., & Rickwood, D. 2003 Do difficulties with emotions inhibit help-seeking in adolescence? The role of age and emotional competence in predicting help-seeking intentions. *Counseling Psychology Quarterly*, **16**, 103-120.

Deane, F. P., Wilson, C. J., Ciarrochi, J., & Rickwood, D. 2002 *Mental health help-seeking in young people*. Report for the National Health and Medical Research Council of Australia, Canberra, Australia, Grant YS060.

Fischer, E. H. & Farina, A. 1995 Attitudes toward seeking professional psychological help: A shortened form and considerations for research. *Journal of College Student Development*, **36**, 368-373.

藤枝静暁　2005　ソーシャルスキルの低い子どものスキルを伸ばす―上手な頼み方・あたたかい断り方を身につけよう　佐藤正二・相川充編　実践！ソーシャルスキル教育―対人関係を育てる授業の最前線　図書文化社

古谷勇作　2011　クラスで心を閉ざす子にどうかかわるか　児童心理11月号（940号）　SOSが出せない子　73-77.

本田真大・新井邦二郎・石隈利紀　2010　援助要請スキル尺度の作成　学校心理学研究，**10**，33-40.

Jorm, A. F. 2000 Mental health literacy: Public knowledge and beliefs about mental disorders. *British Journal of Psychiatry*, **177**, 396-401.

Jorm, A. F., Korten, A. E., Jacomb, P. A., Christensen, H., Rodgers, B., & Pollitt, P. 1997 'Mental health literacy': a survey of the public's ability to recognize mental disorders and their beliefs about the effectiveness treatment. *Medical Journal of Australia*, **166**, 182-186.

小池春妙・伊藤義美　2012　メンタルヘルス・リテラシーに関する情報提供が精神科受診意図に与える影響　カウンセリング研究，**45**，155-164.

Komiya, N., Good, G. E., & Sherrod, N. B. 2000 Emotional openness as a predictor of college students' attitudes toward seeking psychological help. *Journal of Counseling Psychology*, **47**, 138-143.

箕口雅博 2007 学校臨床における臨床心理地域援助 箕口雅博編著 臨床心理地域援助特論 放送大学教育振興会 107-120.

水野治久 2004 中学生が教師に援助を求めるときの不安に関する研究 日本心理学会第68回大会関西大学発表論文集 1162.

水野治久 2007 中学生が援助を求める時の意識・態度に応じた援助サービスシステムの開発 平成16年度〜18年度JSPS科研費 16530423

水野治久 2012 中学生のカウンセラーに対する被援助志向性を高めるための介入プログラムの開発 平成20年度〜23年度JSPS科研費 20530594

水野治久・石隈利紀・田村修一 2006 中学生を取り巻くヘルパーに対する被援助志向性に関する研究―学校心理学の視点から カウンセリング研究, **39**, 17-27.

水野治久・山口豊一・石隈利紀 2009 中学生のスクールカウンセラーに対する被援助志向性―接触仮説に焦点をあてて コミュニティ心理学研究, **12**, 170-180.

NHK教育テレビ オトナヘノトビラTV ココロの不調に気づいたら 2013年10月10日放送
http://www.nhk.or.jp/otona/p2013/131010.html

大河原美以 2004 親子のコミュニケーション不全が子どもの感情の発達に与える影響―「よい子がきれる」現象に関する試論 カウンセリング研究, **37**, 180-190.

Rickwood, D., Deane, F. P., Wilson, C. J., & Ciarrochi, J. 2005 Young people's help-seeking for mental health problems. *Australian e-Journal for the Advancement of Mental Health*, **4**.

佐藤英明・宮崎圭子 2012 専門援助職に対する包括的抵抗感―尺度の作成及び，発達の影響による検討 跡見学園女子大学附属心理教育相談所紀要, **8**, 61-70.

Sheffield, J. K., Fiorenza, E., & Sofronoff, K. 2004 Adolescents' willingness to seek psychological help: Promoting and preventing factors. *Journal of Youth and Adolescence*, **33**, 495-507.

谷川健二・葛西真記子 2002 スクール・カウンセラー活用に関する中学生とその保護者の意識について―信頼感とソーシャル・サポートの視点から 鳴門生徒指導研究, **12**, 3-17.

戸村祥子 2009 プログラム22 困ったときは「助けてください」と言おう 表現力が未熟な子どものSST 霜田浩信・渡邊貴裕・橋本創一編著 実際のつまずきに向き合う・予防する 子どものSSTプログラム ラピュータ 117.

豊田弘司・桜井裕子 2007 中学生用情動知能尺度の開発 奈良教育大学教育実践総合センター研究紀要, **16**, 13-18.

Wilson, C. J. & Deane, F. P. 2001 Adolescent opinions about reducing help-seeking barriers and increasing appropriate help engagement. *Journal of Educational and Psychological Consultation*, **12**, 345-364.

八鍬真理子・水野治久　2011　大学生の情動コンピテンス，心の病に関する否定的認識が大学生のカウンセラーに対する援助不安に及ぼす影響　カウンセリング研究，**44**，148-157.

山口豊一・水野治久・石隈利紀　2004　中学生の悩みの経験・深刻度と被援助志向性の関連―学校心理学の視点を活かした実践のために　カウンセリング研究，**37**，241-249.

■第3章

Fischer, E. H. & Farina, A. 1995 Attitudes toward seeking professional psychological help: A shortened form and considerations for research. *Journal of College Student Development*, **36**, 368-373.

箕口雅博　2007　学校臨床における臨床心理地域援助　箕口雅博編著　臨床心理地域援助特論　放送大学教育振興会　107-120.

中岡千幸・兒玉憲一・栗田智未　2012　カウンセラーのビデオ映像が学生の援助要請意識に及ぼす影響の実験的検討　学生相談研究，**32**（3），219-230.

東京学芸大学・日本イーライリリー株式会社　2010「『こころの病気を学ぶ授業』うつ病編　教材キット」
https://www.lilly.co.jp/responsibility/kokoro/default.aspx

■第4章

網谷綾香　2002　不登校児童生徒の担任教師におけるバーンアウト傾向の背景要因の検討　広島大学大学院教育学研究科紀要　第三部，389-398.

Dettmer, P., Thurston, L. P., Knackendoffel, A., & Dyck, N. J. 2009 *Collaboration, consultation and teamwork for students with special needs*. Sixth Edition. Pearson Educational Inc. New Jersey.

淵上克義・小早川祐子・下津雅美・棚上奈緒・西山久子　2004　学校組織における意思決定の構造と機能に関する実証的研究（Ⅰ）―職場風土，コミュニケーション，管理職の影響力　岡山大学教育学部研究集録，**126**，43-51.

家近早苗・石隈利紀　2003　中学校における援助サービスのコーディネーション委員会に関する研究―A中学校の実践をとおして　教育心理学研究，**51**，230-238.

石隈利紀　1999　学校心理学―教師・スクールカウンセラー・保護者のチームによる心理教育的援助サービス　誠信書房

石隈利紀　2000　不登校児やLD（学習障害）児のための援助チームに関する研究―小学校におけるスクールカウンセラーの効果的な活用をめざして　安田生命社会事業団　研究助成論文集，**36**，18-28．

上村恵津子・石隈利紀・永松裕希　2001　養護学校における「個別の指導計画」の作成に関する研究　教育相談研究（筑波大学），**39**，10-17.

菅野信夫・網谷綾香・樋口匡貴　2001　不登校に関する保護者の意識と対応―教師を対象とした調査との比較検討も交えて　広島大学大学院教育学研究科紀要，**50**，

291-299.

河村茂雄　2001　構成的グループ・エンカウンターを導入した学級経営が学級の児童のスクール・モラールに与える効果　カウンセリング研究, **34**, 153-159.

河村茂雄　2007　学級づくりのためのQ-U入門　図書文化社

水野治久・中林浩子・佐藤博子　2011　教師の被援助志向性, 職場雰囲気が教師のチーム援助志向性に及ぼす影響　日本教育心理学会第53回総会発表論文集（北海道学校心理士会, 北翔大学）　504.

水野治久・梅川康治　2008　小学校教師を対象としたチーム援助研修が被援助志向性に与える影響　日本学校心理学会第10回大会配布資料（未公刊）

元吉忠寛　2011　よいチームの条件―社会心理学からの視点　児童心理2月号臨時増刊（927号）　学校におけるチーム援助の進め方　35-40.

中村恵子・田上不二夫　2005　チーム援助での援助構造の明確化による効果　カウンセリング研究, **38**, 416-425.

西山久子・淵上克義・迫田裕子　2009　学校における教育相談活動の定着に影響を及ぼす諸要因の相互関連性に関する実証的研究　教育心理学研究, **57**, 99-110.

酒井幸枝・上村恵津子　2003　保育現場における事例検討会の実際に関する研究　信州大学教育学部紀要, **110**, 101-109.

田村節子　2009　保護者をパートナーとした援助チームの実践　石隈利紀監修, 水野治久編集　学校での効果的な援助をめざして―学校心理学の最前線　ナカニシヤ出版　151-160.

田村修一・石隈利紀　2001　指導・援助サービス上の悩みにおける中学校教師の被援助志向性に関する研究―バーンアウトとの関連に焦点をあてて　教育心理学研究, **49**, 438-448.

田村修一・石隈利紀　2006　中学生教師の被援助志向性に関する研究―状態・特性被援助志向性尺度の作成および信頼性と妥当性の検討　教育心理学研究, **54**, 75-89.

谷口弘一　2007　教師のソーシャルサポート　淵上克義研究代表　教師のエンパワーメント向上のための社会的資源に関する総合的研究　平成16年度～18年度JSPS科研費16330127　51-74.

梅川康治　2011　教師のためのチーム援助研修―堺市の実践「リソース発見研修」　児童心理2月号臨時増刊（927号）　学校におけるチーム援助の進め方　130-135.

山口豊一　2012　中学校のマネジメント委員会に関する学校心理学的研究　風間書房

■第5章

伊藤美奈子　2011　不登校は今どうなっているか　児童心理6月号臨時増刊（933号）　不登校の現在　1-10.

菅野信夫・網谷綾香・樋口匡貴　2001　不登校に関する保護者の意識と対応―教師を対象とした調査との比較検討も交えて　広島大学大学院教育学研究科紀要, **50**, 291-299.

河村茂雄　2000　教師特有のビリーフが児童に与える影響　風間書房

黒澤礼子　2007　発達障害に気づいて・育てる完全ガイド　講談社
Shute, R. H. 2011 School bullying: The role of teachers. Shute, R. H., Slee, Ph. T., Murray-Harvey, R., & Dix, K. L. *Mental health and wellbeing: Educational perspectives*. Shannon Research Press. 131-142.
総務省統計局　2009　児童生徒の問題行動等生徒指導上の諸問題に関する調査 平成20年度　表1-13: 都道府県別不登校児童生徒数（国・公・私立）
田中英高　2009　起立性調節障害の子どもの正しい理解と対応　中央法規
上野一彦　2003　LD（学習障害）とADHD（注意欠陥多動性障害）　講談社＋α新書
Walen, S. R., DiGiuseppe, R., & Dryden, W. 1992 *A Practitioner's Guide to Rational-Emotive Therapy*. Oxford University Press. New York.
横田隆　2011　不登校の子を担任する教師をどう支援するのか―チーム援助の視点から　児童心理6月号（933号）　不登校の現在　104-110.

■第6章
共同通信大阪社会部　2013　大津中2いじめ自殺　学校はなぜ背を背けたのか　PHP新書
小野田正利　2009　学校と保護者に何が必要か　小野田正利編集　イチャモン研究会―学校と保護者のいい関係づくりへ　ミネルヴァ書房　206-221.
田村節子　2009　保護者をパートナーとする援助チームの質的分析　風間書房

■第7章
河村茂雄　よりよい学校生活と友達づくりのためのアンケートhyper-QU　図書文化社
河村茂雄　2013　学級集団育成の進め方　河村茂雄監修，武蔵由佳・杉村秀充・水上和夫・藤村一夫編集　集団の発達を促す学級経営―小学校高学年（シリーズ 事例に学ぶQ-U式学級集団づくりのエッセンス）　図書文化社　16-31.
国立教育政策研究所生徒指導研究センター　2005　学級運営等の在り方についての調査研究　平成17年3月
http://www.nier.go.jp/shido/centerhp/unei.pdf
田上不二夫監修，河村茂雄著　楽しい学校生活を送るためのアンケートQ-U　図書文化社
横浜市教育委員会　2009　いわゆる「学級崩壊」（児童・生徒指導の手引き）
http://www.city.yokohama.lg.jp/kyoiku/sidou1/jidoseito/pdf/shido-tebiki-12.pdf

■第8章
新井肇　2007　教師のバーンアウトの理解と援助　広島大学大学院心理臨床教育研究センター紀要，**6**，23-26.
布川淑　2006　教師の多忙と多忙感―公立高等学校教師の教育活動に関する聞き取り

調査にもとづいて　立命館産業社会学論集，**42**，87-108.
伊藤美奈子　2000　教師のバーンアウト傾向を規定する諸要因に関する探索的研究—経験年数・教育観タイプに注目して　教育心理学研究，**48**，12-20.
河村茂雄　2009　日本の学級集団と学級経営—集団の教育力を生かす学校システムの原理と展望　図書文化社
河村茂雄・國分康孝　1996　教師にみられる管理意識と児童の学級適応感との関係についての調査研究　カウンセリング研究，**29**，55-59.
久保真人　2007　バーンアウト（燃え尽き症候群）—ヒューマンサービス職のストレス　日本労働研究雑誌，**558**，54-64.
教職員のメンタルヘルス対策検討会議　2013　教職員のメンタルヘルス対策について（最終まとめ）
http://www.mext.go.jp/component/b_menu/shingi/toushin/__icsFiles/afieldfile/2013/03/29/1332655_03.pdf
水野治久　2011　教師を支え，学校を変えるチーム援助　児童心理2月号臨時増刊（927号）　学校におけるチーム援助の進め方　1-10.
文部科学省　2010　教員評価システムの取組状況（平成22年4月1日現在）
http://www.mext.go.jp/component/b_menu/houdou/__icsFiles/afieldfile/2010/10/27/1298624_1_1.pdf
中島一憲　2006　教師のうつ—臨床統計からみた現状と課題　発達，**106**，2-10.
西村昭徳・森慶輔・宮下敏恵　2009　小学校教師におけるバーンアウトの因子構造の検討　学校メンタルヘルス，**12**，77-84.
芝山明義　2010　教職の専門性と教師教育の課題—教師のキャリアと力量形成との関連について　鳴門教育大学研究紀要，**25**，158-165.
高木亮・田中宏二　2003　教師の職務ストレッサーに関する研究—教師の職業ストレッサーとバーンアウトの関係を中心に　教育心理学研究，**51**，165-174.
竹内和雄　2014　家庭や学級で語り合うスマホ時代のリスクとスキル—スマホの先の不幸をブロックするために　北大路書房
田村修一・石隈利紀　2001　指導・援助サービス上の悩みにおける中学校教師の被援助志向性に関する研究—バーンアウトとの関連に焦点を当てて　教育心理学研究，**49**，438-448.
都丸けい子・庄司一子　2005　生徒との人間関係における中学校教師の悩みと変容に関する研究　教育心理学研究，**53**，467-478.

あとがき

　昔話をするのは歳を重ねた証拠であるが，私の最初の専任カウンセラーとしてのキャリアは，ある大学で留学生の援助を担当する仕事であった。しかし，援助ニーズの高い留学生ほど援助を求めてこない。「自分はカウンセラーとしてやっていけるのだろうか」と「留学生相談室」で途方に暮れていた。相談室の業務を終えた夕方の図書館で援助を求めることについての論文をみつけたとき，直感的に「これだ」と思った。そして，米国や豪州の文献を調べていくと，日本人を含むアジアの人たちはカウンセリングという援助方法にはなじみがないことがわかった。

　やがて活動の場所を学校現場に移し，子どもへのカウンセリングを実践するようになった。残念ながら，この指摘は子どもにも当てはまっていた。いくつか調査をしていくなかで，中学生は一般的にカウンセラーや教師に相談しないことがわかった。しかし，不登校，いじめ被害，虐待被害など，深刻な状況の中にいる子どもがたくさんいた。現在，学校の教員は大変な苦戦を強いられている。筆者は午後3時頃，手のつけられていない昼食のお弁当が職員室の机の上に置いてある様子を何度も目の当たりにしている。コーヒーを飲むどころか，昼食を食べる時間もないのである。そして夜も遅い。

　本書の事例はどれも架空のものであるが，筆者が学校現場で経験したことのエッセンスを抽出して作成した。それらに通底するのは，「もう学校は教師一人の努力ではどうにもならないところにきている」という筆者の危機感である。そんな困難な状況にある学校で，すばらしい実践をする教師にたくさん出会った。学級担任，学年主任，特別支援教育コーディネーター，人権教育担当教諭，管理職（校長，副校長，教頭），養護教諭など，さまざまな立場の方々からいろいろなことを学んだ。すばらしい実践をされている先生方は決して一人で頑張らない。他の先生を巻き込み，保護者とつながり，そして確実に子どもを援助していくのである。

　こうした学校現場での教師との出会いや子どもとのかかわりを考察し，

示唆を導き出すためには，事象を系統的にまとめる視点や理論枠組みが必要である。本書の理論的な枠組みは学校心理学である。筆者は学校心理学を石隈利紀先生（筑波大学副学長）のもとで勉強する機会に恵まれた。欧米で発展した学校心理学をわが国に導入され，学問領域として位置づけられた石隈先生のもとで勉強できたのは本当に幸運であった。石隈先生との出会いがなければ本書も生まれていないし，今の私もない。研究がうまくいかないとき，今まで数回あった人生のピンチの際にもさまざまな支援をいただいた。「みんなが資源　みんなで支援」は石隈先生が理事長をされている日本学校心理学会のモットーであるが，筆者は厳しい学校現場にかかわるとき，必ずこの言葉を自分の心の中で唱える。学校の中に資源をみつけ，みんなで支援につなげるのである。

　さらに，不登校の児童生徒の支援から始まった筆者の実践を，学級経営の視点から見るように導いてくださったのが，早稲田大学の河村茂雄先生である。河村先生の研究に対する視点，姿勢にはいつも圧倒される。「荒れた学校」にかかわるようになり，学級経営の大切さを痛感している。河村先生から多くのことを教えていただいた。今回の出版に際しては，第7章「学級崩壊にチームで取り組む」について具体的なご示唆をいただいた。

　また，本書の鍵概念である「チーム援助」について，跡見学園女子大学の山口豊一先生，東京成徳大学の田村節子先生，聖徳大学の家近早苗先生から多くの実践的な知見を得た。山口豊一先生，田村節子先生，家近早苗先生と学校心理学の領域で一緒に仕事ができることを光栄に感じている。加えて，援助要請研究会の先生方，大阪国際大学の木村真人先生，立正大学の永井智先生，北海道教育大学の本田真大先生，山梨英和大学の飯田敏晴先生には，被援助志向性，援助要請行動という概念を研究する研究仲間として多くの刺激をいただいている。共同でいくつもの学会のワークショップやシンポジウム，研究会をさせていただいた。研究会も最初の頃は東京都内のカフェの片隅でパソコンを並べて情報交換していた。今の学会のような研究会になるとは想像もしていなかった。

　本書の実践的な基盤は，現場の先生方との出会いによるところが大きい。関西地区，東海地区，中国・四国地区の教育委員会の先生方，学校

現場の先生方にもたくさんのことを教えていただいた。特に大阪府教育委員会，八尾市教育委員会，東大阪市教育委員会，堺市教育委員会，桑名市教育委員会の先生方，学校現場の先生方には日常的に勉強させていただいている。

　学校現場との連携を可能にしていただいた大阪教育大学学校教育講座心理学教室の先生方にも謝意を表したい。風通しのよい教室に所属させていただき，心理学を核にしながら学生の教育と研究に尽力されている先生方と日常的に刺激し合える日々は私にとって財産である。

　本書の調査の部分は，筆者が受けた以下の2つの科学研究費の助成による研究である。1つは平成16年度〜18年度JSPS科研費16530423「中学生が援助を求める時の意識・態度に応じた援助サービスシステムの開発」である。もう1つが，平成20年度〜23年度JSPS科研費20530594「中学生のカウンセラーに対する被援助志向性を高めるための介入プログラムの開発」である。

　本書の刊行に際しては，金子書房編集部の天満綾氏のお力添えをいただいた。『児童心理』2011年2月号臨時増刊（No.927号）特集「学校におけるチーム援助の進め方」から天満氏とのご縁をいただいたが，編集者としての的確なアドバイスと励ましがなければ本書を刊行することができなかった。改めて感謝したい。

　最後に，私ごとで大変恐縮であるが，妻の一恵，娘の恵利花，息子の正治，私の両親，水野治太郎，淳子，林節子，そして故・林正に感謝しながら本書を終えたいと思う。

2014年3月
水野治久

索 引

人名索引

―――――― あ 行 ――――――

朝日新聞　94, 101
阿部聡美　23
網谷綾香　50, 51, 55
新井邦二郎　23
新井肇　97
家近早苗　8, 9, 48
石隈利紀　3, 8, 9, 12, 13, 16, 17, 21, 23, 43,
　　45, 48, 51, 52, 97
伊藤美奈子　5, 56, 97
伊藤義美　29
ウィルソン（Wilson, C. J.）　21, 23, 25
上野一彦　60
梅川康治　48
NHK教育テレビ　27
大河原美以　24
小野田正利　76
小野寺正己　5

―――――― か 行 ――――――

カールトン（Carlton, P. A.）　21
葛西真記子　17
加藤義男　4
上村恵津子　52
河村茂雄　5, 49, 67, 82, 91, 93, 96, 102
菅野信夫　51, 55
教職員のメンタルヘルス対策検討会議
　　94
共同通信大阪社会部　75
グッド（Good, G. E.）　24
久保真人　95
クリステンセン（Cristensen, H.）　27

栗田智未　38
黒澤礼子　59
小池春妙　29
國分康孝　5, 102
国立教育政策研究所生徒指導研究センター
　　79
兒玉憲一　38
小早川祐子　45
コミヤ（Komiya, N.）　24
コルテン（Korten, A. E.）　27

―――――― さ 行 ――――――

サーストン（Thurston, L. P.）　50
酒井幸枝　52
桜井裕子　25
迫田裕子　44
佐々木全　4
佐藤英明　21
佐藤博子　45, 51
シェフィールド（Sheffield, J. K.）　27
シェロッド（Sherrod, N.）　24
芝山明義　95
下津雅美　45
シモニデス（Chimonides, K. M.）　27
ジャコブ（Jacomb, P. A.）　27
シュート（Shute, R. H.）　60
庄子一子　105
ジョーム（Jorm, A. F.）　27
瀬戸美奈子　9
総務省統計局　55
ソフロノフ（Sofronoff, K.）　27

―――――― た 行 ――――――

高木亮　97
田上不二夫　43

118

竹内和雄　105
田中宏二　97
田中英高　61
棚上奈緒　45
谷川健二　17
谷口弘一　45
田村修一　13,17,43,45,48,97
田村節子　8,51,76
チャロッキ（Ciarrochi, J.）　23,25
チャン（Chan, A. Y. C.）　25
ディーン（Deane, F. P.）　21,23,25
ディジュゼッペ（DiGiuseppe, R.）　67
ディック（Dyck, N. J.）　50
デットマー（Dettmer, P.）　50
東京学芸大学　33
都丸けい子　105
戸村祥子　23
豊田弘司　25
ドライデン（Dryden, W.）　67

——————な　行——————
中岡千幸　38
中島一憲　95
中林浩子　45,51
永松裕希　52
中村恵子　43
ナッケンドッフェル（Knackendoffel, A.）
　50
西村昭徳　95
西山久子　44,45
日本イーライリリー　33

——————は　行——————
バジャガー（Bajgar, J.）　25
濱野玲奈　12
樋口巨貴　51,55
ファリーナ（Farina, A.）　21,27,38
フィオレンツァ（Fiorenza, E.）　27
フィッシャー（Fischer, E. H.）　21,27,
　38
布川淑　97
藤枝静暁　23
淵上克義　44,45
フランク（Frank, D. I.）　27
古谷勇作　23
ポリット（Pollitt, P.）　27
本田真大　23

——————ま　行——————
箕口雅博　23,38
水野治久　2,8,13,16,17,19,21,23,25,
　27,45,48,51,102
三野輪敦　13
宮崎圭子　21
宮下敏恵　95
元吉忠寛　49
森慶輔　95
文部科学省　95

——————や・ら・わ行——————
八鍬真理子　27
山口豊一　8,9,16,21,44
山口裕幸　11
山本弘一　4
横田隆　66,67
横浜市教育委員会　79
リックウッド（Rickwood, D.）　23,25
ロジャーズ（Rodgers, H.）　27
渡辺弥生　4
ワレン（Walen, S. R.）　67

事項索引

——————あ　行——————
アクションプラン　48,49,102
アセスメント（査定）　59,64,74,75,79

いじめ　60,62,69
イラショナルビリーフ　66,67,68
援助サービス　3,8,103
　　一次的——　3,4
　　二次的——　3,4
　　三次的——　3,4
援助チーム　8,9,76
　　個別の——　8
援助チーム会議　45,48,49,50,51,52,55,
　67,72,73,75,85,88,90,99,100,103,
　104,105
援助的家庭教師　64
援助ニーズ　2,3,9,16,21,24,41,50,59,
　64,76,97
援助要請意図　21,38
援助要請スキル　23
　　言語的——　23,30
汚名への心配　17,18,19

————————か 行————————
介入プログラム　31-35,37,41
　　——の内容　34
かかわりスキル　86,87
学習意欲得点　87
学習障がい　59
学級集団の発達過程
　　学級崩壊　79-93
　　崩壊中期　93
　　崩壊初期　93
　　混沌・緊張期　93
　　小集団成立期　84,93
　　中集団成立期　84,86,93
　　自治的（全体）集団成立期　93
学級生活不満足群　84,92
学級生活満足群　83
学級崩壊　79-93
学校心理学　8,9,12,27
学校心理士　77
学校生活意欲尺度　86,87,88

管理型　83
教育委員会　3,51,61,62,63,64,68,69,
　71,72,73,74,75,77,95,96
教育支援（サポート）センター　2,3,6,9,
　12,51,61,66,73,74,77,78
教師自身の役割の曖昧性　97
教師の職務の実施困難性　97
教師の被援助志向性　43,45,48
協働的雰囲気　47,74
起立性調節障がい　60-61
言語的援助要請スキル　23,30
構成的グループ・エンカウンター　4,97
呼応性への心配　17,18,19
コーディネーション委員会　8,9
コーディネーター　8,51,74,101
　　特別支援教育——　8,71,72,73,74,82,
　90,91,99-100
心の病に関する否定的認識質問紙　27
個人的達成感の欠如　95
個別の援助チーム　8
コミュニケーション　44,69,101
コンサルテーション　50,74

————————さ 行————————
自己開示への恐れ　17,18
自尊感情　19,66
児童相談所（子ども家庭センター）　61
自閉症スペクトラム障がい　59-60
状態被援助志向性尺度　48
情緒的消耗感　95
情緒のコントロール　60
情動コンピテンス　24-27,28,29,30,33,
　41
　　——尺度　25,26
承認得点　83,84,85,88,90,91,92
職場風土認知尺度　45
侵害行為認知群　85,92
人的リソース　77,102
スクールモラール　82,86,87,88

精神医学的な治療　106
接触仮説　21-23,38
接触場面　38,40,41
相談スキル　17,18,19
ソーシャルスキルトレーニング　4,23,97
ソーシャルメディア　103,105
組織風土　97

──────── た　行 ────────

脱人格化　95
チーム・エラー　11
チーム援助志向性　43,44,47,48
　　──尺度　43,45,46
適応指導教室　2,3,9,77
適応尺度　12-15,16,19,20,27
同調的雰囲気　47
同僚との関係　97
特性被援助志向性尺度　48
特別支援教育コーディネーター　8,71,72,
　　73,74,82,90,91,99,100

──────── な・は行 ────────

認知行動的　57,101,102
バーンアウト（燃え尽き）　43,94-97,101,
　　106
配慮スキル　86,87
発達障がい　56,59-60,74
　　学習障がい　59
　　自閉症スペクトラム障がい　59-60
　　ADHD（注意欠陥／多動性障がい）　59,
　　　60
被援助志向性　16,17,19,21-22,23,24,
　　25,26,27,28,29,31,33,37,40,41,42,
　　43,44,45,47,48,66
　　──尺度　19,20,35,36,37,48
　　　状態──　48
　　　特性──　48

　　教師の──　43,45,48
非承認群　83,88,92
被侵害得点　83,84,85,91,92
不登校　2,4,5-7,9,43-44,49-50,54-68
　　──の発生率　55
フリースクール　55
別室　8,9,56,57,58
保健室登校　10

──────── ま・や・ら行 ────────

マネジメント委員会　8,9,44
メンタルフレンド　64
メンタルヘルス　27,94,96,97,98,101,
　　103,106
　　──リテラシー　27-29
モンスターペアレント　69
文部科学省　95
役割葛藤　97
要支援群　84,85,86-87,88,89-90
リレーション　84,93
臨床心理士　77
論理療法　67

──────── 欧　字 ────────

ADHD（注意欠陥／多動性障がい）　59,
　　60
hyper-QU　82
Q-U　49,64,82,84,85,90,91-93
　　承認得点　83,84,85,88,90,91,92
　　被侵害得点　83,84,85,91,92
　　学級生活満足群　83
　　学級生活不満足群　84,92
　　非承認群　83,88,92
　　侵害行為認知群　85,92
　　要支援群　84,85,86-87,88,89-90
WISC　49,71,73

【著者紹介】
水野治久（みずの・はるひさ）
大阪教育大学学校教育講座（心理学教室）教授。
筑波大学大学院教育研究科修了，博士（心理学），学校心理士SV，臨床心理士。
専門は，学校心理学，カウンセリング心理学，異文化間カウンセリング。
日本学校心理学会常任理事，日本コミュニティ心理学会常任理事。
著書に『チーム学校での効果的な援助──学校心理学の最前線』（ナカニシヤ出版，2018年，共編著），『援助要請と被援助志向性の心理学──困っていても助けを求められない人の理解と援助』（金子書房，2017年，監修），『絶対役立つ教育相談──学校現場の今に向き合う』（ミネルヴァ書房，2017年，藤田哲也監修，共編著），『よくわかる学校心理学』（ミネルヴァ書房，2013年，共編著），『教師のための問題対応フローチャート──不登校・授業・問題行動・保護者対応のチェックポイント』（図書文化社，2013年，共編）などがある。

子どもと教師のための「チーム援助」の進め方

2014年4月30日　初版第1刷発行　　［検印省略］
2019年1月29日　初版第3刷発行

著　者　　水野治久
発行者　　金子紀子
発行所　　株式会社　金子書房

〒112-0012　東京都文京区大塚3-3-7
TEL　03-3941-0111㈹
FAX　03-3941-0163
振替　00180-9-103376
http://www.kanekoshobo.co.jp

印刷・藤原印刷株式会社　製本・株式会社宮製本所

© Haruhisa Mizuno, 2014　　Printed in Japan
ISBN978-4-7608-2388-8　C3037